给未来的记忆

跟河合隼雄学习认识自己

河合隼雄 著

李静 译

東方出版中心

图书在版编目（CIP）数据

给未来的记忆 /（日）河合隼雄著；李静译. —上海：东方出版中心，2016.6（2022.8重印）
（河合隼雄作品集）
ISBN 978-7-5473-0945-2

Ⅰ. ①给… Ⅱ. ①河… ②李… Ⅲ. ①回忆录－日本－现代 Ⅳ. ①I313.55

中国版本图书馆CIP数据核字（2016）第056454号

图字：09-2009-649

给未来的记忆

著　　者　[日]河合隼雄
译　　者　李　静
责任编辑　郑　燕　赵　明
封面设计　田　松

出版发行　东方出版中心有限公司
地　　址　上海市仙霞路345号
邮政编码　200336
电　　话　021-62417400
印 刷 者　昆山市亭林印刷有限责任公司

开　　本　787mm × 1092mm　1/32
印　　张　11.5
字　　数　200千字
版　　次　2016年6月第1版
印　　次　2022年8月第4次印刷
定　　价　30.00元

译者的话

读过河合先生的很多书,可惜跟这本回忆录一直没有缘分。借翻译的机会,先通读了一遍,实在感受太深。

如果你不知道河合隼雄,那么很多事情可能没有什么感觉。如果你知道他是什么样的人物,就会非常吃惊:他也会自卑? 他也会害怕? 然后就会有所触动:连他这样的人都会自卑、都会害怕,那我们这样的普通人有时陷入一下这种负面状况也没什么大不了嘛。

通篇看似平平常常的闲聊,却能以这样不经意的方式拯救着我们这些普普通通的人。

到比自己国家先进的国家去留学的经历,我好像跟先生有些类似。看先生的人生道路,并不是一开始就定下了一个正确无比的方向,每一个阶段都有他的迷茫、不知所措,每一个阶段都有他的抉择,都有他的行动。回想起自己的人生道路,同样有迷茫、有不知所措,可每一个岔路口好像都是随波逐流地过去了。实在是值得好好思考:与先生相比,我们究竟缺少什么?

回顾自己的留学过程,深深遗憾的是,当被扔进一个没人搭理你的环境,前边一片黑暗,只剩下了迷茫,然后就永远地迷失了方向。我曾经留学京都大学,对先生说的京都大学那种把学生扔在一边不管的传统制度同样深有体会。可是,身处同样的环境(看上去数学系放任不管的程度比我留学的电气工程系还要厉害得多),为什么有人,如我,就此沉沦下去;而有人,如先生,就能平地崛起,成为一座令人仰止的山峰?

根本的差别在哪里? 个人、家庭、学校、社会,还是其他什么?

一个人面对困难的思考能力、判断能力、抉择能力、行动能力,究竟是怎样发展起来的?

在先生这本类似于自传的著述里,我们好像都可以得到启示。

时过多年,价值不灭。先生能把他自己的经历如此翔实地告诉我们,令人感激不尽。所谓“给未来的记忆”,意义也就在这里吧。

李　静

前　言

每一个人，都会对不同的事情感兴趣。我从小一直关心的是“人”，特别是人的“心灵”。这也同样是对“我的心灵”的关心。蒙大家厚爱，做到了临床心理学这样的学问研究领域，但到现在还是有很多很多不明白的事。

对于这个实在是不可思议、无法解释的存在的“我”，真没想到，还有机会来回顾其半生。在这里，不是对“我”进行研究，而是提供一些研究的素材而已。临床心理学的研究素材，并不是靠谁想出来或是收集来的。想到什么就说什么，自由地说，就是最好的素材。

因为这个理由，我就随性地谈谈自己的前半生。不能说是研究，如果读者从中能得到一点启示，我会感到非常荣幸。

目　录

Contents

第一章

在家人中间

——丹波篠山的回想

逝去的弟弟

说说我小时候最初的记忆。我有一个夭折的弟弟，记得这个弟弟跟我还有母亲在家里的后院玩儿，弟弟拿着一根棒子什么的，嘴里大叫着“冲啊、冲啊……”，“冲啊、冲啊”是玩打仗游戏时发出的声音，母亲就在一旁微笑地看着。记不清楚我当时是不是也一起在叫，但是弟弟这么叫着的情景记得很清楚。

这是我5岁左右，弟弟呢，到3岁还是没到3岁时的事情。

接着，还是这个弟弟的记忆。房间里有一个柜子，柜子最上边打开门，就能看见里边放着点心。弟弟够不着，总是跑到柜子下，一边摇着柜子，一边说“奥西么”。那时候孩子们把好吃的叫“什么”，意思是“什么好东西”，“要”说不清楚就成了“奥”，“什么”成了“西么”。记得到糕点铺买东西的时候，小孩子们都会说“给我一分钱的什么”，意思就是“我有一分钱，卖给我点儿什么好吃的”。

弟弟说不清楚“想要什么好吃的”、“我要点心”，就一边说“奥西么”，一边摇柜子。这情景现在还在眼前。

那时候我们的家还是那个旧家，不算太宽敞，后来父亲盖了特别大的新房子。这还是盖新家之前的事。在旧的家里，大家都睡在一间房间里，房间里有柜子，弟弟就这么一边摇着柜子一边说的。我们这些大的兄弟们都学他：“奥西么、奥西么……”

有关弟弟的记忆这么鲜明,大概还是因为他早早地就去了。好像那以后过了没多久弟弟就没了。

据说,弟弟去世要抬棺出去的时候,我大哭着拦着棺材不让出门:“不能扔了他,不能扔了他……”这件事儿后来妈妈说了很多遍,听得多了觉得是有记忆的,其实我自己并不记得。只是老听母亲说,也就觉得好像是干了这么件事儿。这对我来说是绝对非常重要的回忆。所以,前边这两个场景一直不能忘掉,记得那时候经常玩“冲啊、冲啊”的游戏,这事儿跟母亲也说起过好多次。

弟弟死后,好像妈妈陷入了忧郁状态。这些我都记不太清楚,只是后来听大人们说那段时间妈妈每天光是在念经,真的,光是念经。那时候,我肯定是成天缠着妈妈,这些记忆都无意识地留了下来。这些记忆在我的一生当中,都是非常重要的。

弟弟怎么会死的?当时家里有女仆(那时候都这么叫),弟弟掉到脏水沟里,女仆把他救上来了。只可惜,喝了很多泥汤,泥汤又呛到肺里,结果因肺炎死去。妈妈后悔得不得了,责怪自己不当心把孩子丢了。从母亲那里听到过不知多少遍,说这个孩子多么多么聪明。我们兄弟几个经常跟妈妈开玩笑:咱们家最秀才的就是这个弟弟了。

后来,也说不大清楚,可能是因为发生过这种事吧,小小年纪,就想过很多关于人的死亡的问题。那时候我还在上幼儿园,应该是5岁左右吧。有时候自己憋住气、闭上眼睛,想看看自己没有了意识会是一种什么情形。真是拼命地在想这些事。没有跟自己的兄弟们说过,也没告诉爸爸妈妈,只是自己一个人在想。一般来说,我认为孩子们考虑死的问题,比大人们想象的要多。

幼儿园入园式时发生的事

还有一件事鲜明地留在记忆里,那是幼儿园的入园仪式。这件事记得好清楚。为什么呢?妈妈领着去幼儿园,入园式开始之前,大家都在游戏室里玩儿。说是游戏室,也就是一个像体育馆的地方,妈妈和孩子们都去,在那等着。等的时候,孩子们都离开爸妈去玩儿,只有我一个离不开母亲,一直待在她边儿上。妈妈说:"你看大家玩得多好,你也去一起玩吧。"可是我绝对做不到。妈妈嘴上说着"打起精神,勇敢点儿",但还是允许我待在她身旁。

就这么一直在边上看着别的孩子们玩。有一个大滑梯,孩子们都唰地一下滑下来,心里好羡慕:"哇,太棒了。"这么看着,想着"世上真有这么精神头大的家伙"。接着就看见从上边滑下来的孩子和想从下边爬上去的撞到一起,大哭起来。我暗自想:"活该!"这事现在还记得,当时肯定觉得不该玩这么疯的。

我自己也好可怜,大家都又跑又玩儿的,只有我离不开妈妈。正觉着自己真没出息呢,这些家伙们却哭起来了,心里当然不由得会偷偷高兴一下的。

小时候有些事儿不过是大人们老说起来,就以为是自己记得的。弟弟的葬礼上的事情就是这样,老感觉像是自己记得一样,其实是听大人们后来说才有的记忆。最初说的两件事情倒是有清晰的印象,脑子里还留着母亲穿着和服的样子，那时候大家都还穿和服。弟弟穿的甚平[1]样的衣服，还能够记得。穿着甚平这样的薄衣服，应该是热天吧。

1　甚平：和服的一种，短外衣，单衣，里外用带子系结，多用棉、麻做成，男子夏日穿用——译注。本书注解均为译注，下不一一标注。

爸爸盖的大房子

我出生在篠山(兵库县多纪郡篠山町),有关弟弟的记忆都在旧的家里,那个家的后边都是空地,后来在这块空地上又盖了很大的新家。

家里请人盖房子和弟弟去世的时间可能正好重叠着,模模糊糊记得上大梁的时候竖起了很大的装饰。那时候一家盖房子,大家都会来喝酒的。

爸爸行事总是敢作敢当的。当时这么大的房子在篠山是很少见的,人们背后都议论说可以当学校用了。这么看来,爸爸倒是挺走在时代的前边的,虽然小孩子们感觉有那么点不可思议。那年代谁也想不到,可爸爸居然设计了孩子独用的房间,还给中学生们造了学习用的房间,另外,还有西洋式的房间。我们小的都管那西洋式房间叫"洋馆、洋馆",无所不知的哥哥教训我们那不是"洋馆",应该叫"洋室"。不过我们不听他的,还是说"洋馆"。

那年代日本的房子都是方形的,每间房间都相通。可我们这个家是L形的,围着庭院,走廊一直通着,一楼是这样,二楼也是。这样,每一间房间都是独立的。说是独立的,当然是日式的,都是采光拉门或是隔扇拉门,没有西式的门。但那总是独立的房间,在当时相当地特立独行。

在那个年代能造独立的房间,说明父母都是比较知道个人主义的好处的。

一个,可能因为爸爸在家排行老二吧。原本老家还要在更乡下一些的地方,比篠山还要乡下的地方的庄屋[1]。相当大的庄屋,不过身份还是农民。最近我总是得什么“紫绶褒章”[2]呀、“朝日奖”[3]什么的,有人跟我说“先生得的奖真多”,我就开玩笑说“祖上是庄屋呀”[4]。

旧时农家都是那样,长子是继承家业的人,只把长子当宝贝。所以长子吃白米饭,剩下的孩子们就只能吃麦饭了,偏心得不得了。好吃的也只给长子吃。我爸爸是老二,愤然离家出走。对着家里宣言要做个一辈子吃白米饭的人,然后就离开家,到了京都。最初,他是打算做律师的。

那时候,即使不进大学或者高等专业学校,只要努力能够通过资格鉴定考试也是能当成律师的。所以我们家有很多法律的书。但是在考律师资格的学习过程中可能觉得不顺、不适合自己,就想到了当齿科医生。跟律师一样,齿科医生也可以通过考试取得资格。这样爸爸就成了京都的一个齿科医生家的寄宿学生,一边帮忙干活一边学习,取得了齿科医生的资格。

---

1 庄屋:日本江户时代被任命为村代表的百姓。此称呼主要用于关西地区,在关东称作“名主”。

2 紫绶褒章:日本政府授予在学术或艺术上有发明、改良、创作功劳的人的奖章,以紫色绶带佩戴。

3 朝日奖:由朝日新闻社于 1929 年为纪念朝日新闻社成立而设立的奖项,当初称为朝日文化奖,1976 年改为现名,主要为表彰在人文、自然等多领域为社会、文化做出杰出贡献的人。

4 日语中“奖”、“章”、“庄”的音读均相同。

爸爸和妈妈，在松山相遇

那个时期，父亲有一件很得意的往事。说的是到一家叫“芋棒[1]”的店里吃饭，店里的河鱼的事。在篠山说起河鱼给人的感觉就是“没有比这更便宜的东西了”，抱着这样的念头进了那家店，才知道在京都原来河鱼这么贵啊！这故事我不知道听了多少遍，那家叫“芋棒”的店里的河鱼真是很恐怖啊。

后来，爸爸拿到了齿科医生的资格，不知道为什么又跑到奈良县的松山（现在的大宇陀町）的齿科医生那里去实习。也就是说，自己不能马上开业，先到齿科医生那里去实习了。

刚好那时候我的母亲是松山的小学教师。母亲这一方也很有意思。母亲的出生地是奈良县吉野郡吉野村一个叫泷野的地方。那里的学校全校学生只有七八个人，一个年级可能就一两个人。这样小规模的学校，可想而知是在相当偏远的深山里边。妈妈从那里出来去上师范了。说起来

---

1 “芋棒”：为京都祇园有名的高级料理，价格昂贵。20 世纪 90 年代，篠山川的香鱼的价格约为 100 日元一条，而“芋棒”店的价格约为 3 000 日元一条。“芋棒”也是一种京都名菜的名字，芋艿煮鳕鱼干。以虾芋（芋艿的一种）和晒干的鳕鱼（称为棒鳕）为主要材料。京都不临海，且三面环山，没有冷藏设备的时代比较难得到新鲜的鱼，因此产生了以鱼干为主要材料的名菜。这里的“芋棒”是指料理店的名字，并不指这个菜。因鳕鱼为海鱼，而后文中说到的是河鱼。

非常不可思议,本该在深山里的乡下一直作为一个乡下人生活下去的妈妈来到了都会。

一个可以想到的原因,大概因为妈妈的哥哥也是上的师范,师范毕业后当了教师。妹妹就踩着哥哥的脚印进了奈良的师范学校。据说妈妈当时是个相当时尚的姑娘,穿着裙子、打打网球、拉拉小提琴,现在看起来真是相当地走在流行的前端。她毕业后就到松山赴任了。

只可惜,当了小学老师就没有什么结婚的机会了。这时候,轮到我的舅舅出场了。有一天舅舅突然牙疼了,跑去看牙医就见到了我的爸爸。发现这里有个很靠得住的年轻小伙子,想让妹妹跟他结婚,就向爸爸提亲了。

在篠山开齿科诊所

实际上,我妈妈比爸爸大四岁。这在当时属于非常少见的。用爸爸的话来说,自己就像条孤独的狼一样脱离了父母的家,而且还想再回到篠山开业。这样,方方面面的事情都能一手承当的年长的妻子对自己会很有帮助。

说起我家爸爸,还是很厉害的。那是订婚以后的事了,早已经有了齿科医生的资格,但是觉得自己还是需要更加正式的学习,又到东京齿科医专(齿科医学专门学校)当了研修生还是什么的,又学习了一年。这期间当然一直在东京。

那时候有一个趣话。爸爸在东京看病人,一张口说"啊,这个没问题,能治好",病人就说"先生,你是关西人吧"。爸爸说的这个"没问题,能治好"是关西话,原意是"味道很好",引申为"顺利、圆满、没问题"。

爸爸前后在松山住了有三年吧,结婚后回到了篠山,开了齿科诊所。

用现在的话说,当时爸爸妈妈的结婚简直就像是国际婚姻。而且妈妈也真能下决心跟着爸爸到丹波的篠山去。辞去了教师的工作,跟着只有一个行李的爸爸。那年代行李都还是柳条箱,爸爸除了这个,不仅没钱,钱以外也什么都没有。不过到了篠山开业以后,齿科诊所的生意倒是兴旺得不得了,经济上马上就稳定下来了。

从这样那样的事情，能看出来两个人都有着特立独行的精神。我们家爸爸成天说自己绝不会偏心眼儿，不管是长子还是下边的孩子，都一样。因为他自己就有过不是长子而受父母冷落的经历。

这些基本上是20世纪30年代的事情。日本社会的流动、迁移也开始活跃了。不过，我还是觉得母亲下决心跟着父亲到丹波来真是不可思议。不说距离，爸爸还是个没有财产、一无所有的人。虽说有爷爷奶奶，但爸爸当初是离家出走的，就算回到篠山，也不可能得到爷爷奶奶的帮助。当然，爸爸事业成功以后，爷爷奶奶慢慢也开始来往了。所以总听到妈妈说开业以后有病人来的时候是多么的高兴。

继承了家业的伯父

回过头来再看那位家里的长子，也就是爸爸的哥哥，继承了家业以后的事情就无法细说了。简单说一下，这个伯父的仕舞、谣曲[1]可以说是专业水平的。长子，当成宝贝一样养大，家里又是很有地位的庄屋，活活成了一个花花公子，把家里的财产都玩干净了。为这个，我们家爸爸妈妈受牵连吃了不少苦头。

所以，这个伯父一到家里来，孩子们就感觉好奇怪，老觉得父母的接待方式不大对劲儿。不过，说到底还是兄弟，爸爸总能做出一副平静的样子，但家里的气氛就是怪怪的。上了中学以后，妈妈把一切都告诉我了。这事儿让我觉得爸妈开始把自己当成大人了，激动得不得了。

据说祖传的土地都卖了，包括元禄[2]年代的祖宗的墓地。

后来这个伯父改邪归正了。不过不管大人们的事儿，我们兄弟几个倒是都很喜欢他。

战争结束后，两家的关系也渐渐好起来了。我后来上神户工业专门学校时，这个伯父还在我们家住过一段时间。

---

1 仕舞：能乐的简易舞蹈。精选能乐的主要部分，由主角一人不戴面具、不化妆、不用乐器伴奏，身着礼裙，仅以谣曲伴唱的舞蹈；谣曲：能乐的脚本，配上曲调能单独吟唱。

2 元禄：日本江户初期的年号，1688～1704 年。

就这样的伯父，家里有什么喜事儿时，会来唱谣曲、跳能乐舞。真是漂亮。我们因为不知道过去的事情，只是觉得好帅、好漂亮，而爸爸妈妈对在艺能和艺人身上花钱还是很有抵触的。

到底是应该极力守住祖上的财产，还是把它花个精光？就像我爸爸当初从家里逃出来一样，这个伯父的内心深处肯定也发生过什么波澜。可能正因为有进取的精神，没法儿墨守成规地继承农业，就这么一成不变地过下去，事情才变成现在这样。

遗传了爸爸的性格

再回头说说爸爸盖的那个很大的新家。最初住的家我们叫它“旧馆”,这个新家就称为“新馆”。我的记忆基本上都在新馆。在旧馆生活的时候,大概只有弟弟的“奥西么”这点记忆,后来的就都是新馆了。搬到新馆不久,又生了一个弟弟,逸雄。这个记得的。

那个旧馆有两层楼。二楼的靠东边砌了堵墙封起来了。以前的房子,总有些不派什么用场的空地方。都传说那里有宝藏,家里人也就这事儿开了不少玩笑,只可惜拆的时候什么也没发现。

还有,新馆的南边是一片竹林,非常浓密的竹林。这样,这个很大的新家采光并不怎么好,而旧馆二楼的南侧却能照到太阳。所以,生病的时候到旧馆的二楼去日光浴晒太阳,很让小孩子们高兴。我对这一点也有着很特殊的印象。在那里,挂着天皇的御真影,而新馆,就没有一点御真影一类的东西。

家传的宗教信仰是佛教,佛教的净土宗。我的爸爸比较现代,近乎于无宗教信仰。不管怎么说,好像特别讨厌摆形式的事情。仅仅是法事还做做,照着常规。当然,也去扫墓,但是决不去自己老家的庄屋。每到中秋扫墓,他肯定会要我们去看看,于是就只有妈妈领着孩子们去。想来爸爸肯定是不愿意回去的。

妈妈肯定有不少应酬,因为有不少亲戚。亲戚间的来往,妈妈也都做得很到位,只是爸爸从来不参与。这一点居然能行得通,也是我爸爸与众不同的地方吧。这个爸爸只要说一句“我不去”,剩下,妈妈就会把什么都打理清楚。

我的爸爸好像从来不写信,除非有什么非常了不得的事情。所有的信都是妈妈来写。妈妈经常叹气:连字也写得越来越像男人了。不管什么事情,爸爸只要决定了不做,那就绝对不做。说到自己要专心做一个齿科医生,那就专心致志地只做齿科医生,其他什么都不管。这一点做得非常彻底。这样,如果不得不跟人交往时,就是妈妈一手全部揽下来了。在这一点上,我们这些兄弟也经常说起,好像都继承了父亲血性,说不做什么,就决不做什么,每个人都很相像。跟通常的人不太一样。

“男孩子,一样可以哭”

兄弟们在一起玩儿的时间好像特别多。不管怎样,六兄弟啊。所以,我们家兄弟几个不太有朋友。兄弟们自己在一起玩儿,都很亲热,而且很会替别人着想,玩的过程中都会相互照顾。

接着该说说上幼儿园的回忆了。前边也说过,因为不喜欢跟其他孩子一起行动,所以我特别讨厌幼儿园。

可一旦进了幼儿园,又喜欢上了自己班上的老师。现在也还能记得,一位叫桑村的老师。老师也特别喜欢我。这样,我变得喜欢去幼儿园了,每天高高兴兴地去。

可惜,记不得是什么季节了,老师换了。可能已经秋天了吧。桑村先生要结婚,辞去了工作。我也不知道她结婚后姓什么[1]。那天,我最喜欢的老师做离别的谢辞,那时候女孩子们都哭了一阵子。而我,一直哭得上气不接下气,眼泪不停地流。那个时代的文化,男孩子是不能流眼泪的,所以大家都目不转睛地盯着,看我哭。自己也觉得好丢人,可就是伤心得忍不住。然后使劲儿地憋着回家了。

回到家,妈妈问“是不是有桑村先生的送别会?”我死撑面子,硬装出一副不悲伤的面孔。这时候,妈妈说了：真是

1　日本民法规定,结婚后夫妻姓氏统一,取婚前男方或女方的姓氏均可。通常多取男方姓氏,因而女性多数因结婚改姓。

很悲伤的时候,男孩子也一样可以哭的。听了这句话,我一下子像决堤了,大哭起来。本来别人看我像是一个哭屁虫,自己也非常地自我厌弃。妈妈的这一句话真是救了我。我的妈妈就是有着这种想法的人。

这件事还有后续。有一个经常一起玩儿的同年级的隔壁的孩子,叫 Taka,到我们家来玩儿。说:今天有一个男孩儿还哭呢。其实 Taka 看到我在哭,想说男孩子还哭,真丢人,但又不好直说,就这么半要笑地说我。我一生气,想起妈妈的话来,回他一句:真的悲伤的时候,哭的人更厉害呢!说完以后,又觉得说“哭的人更厉害”也有点儿说过头了。这件事还记得很清楚。

中学生，真了不起

我在六个男孩子中排行老五。从上往下数，仁（Hitoshi）、公（Tadashi）、雅雄、迪雄、我，然后是逸雄。基本上都差两岁，上边的迪雄和我、我和逸雄之间差三岁，这样算下来，跟最上边的哥哥差了九岁或是十岁。所以，最大的哥哥对我来说已经是很了不起的人了，绝对了不起。我上小学的时候，他早已经是中学生了。

当时，一旦成为中学生，在我们家就可以受到大人的待遇。小学生吃多少点心都是妈妈说了算，而中学生就可以自己想吃多少就吃多少。中学生得自己做判断。

家里有一个柜子里放了好多点心。放学回来，中学生就可以打开柜子想拿多少拿多少。

还有，上初一了，就可以有自己的专门学习用的房间。小学生只能用随便什么地方的桌子，学习也罢，玩儿也罢。中学生已经被当成大人了，很神气的。睡的房间也不一样，学习的房间也有专门的。所以，对我来说，大哥和二哥完全是另外一个世界的人。虽说他们对底下的兄弟都很好，但还是有些不一样的感觉。而雅雄哥哥，既爱护我们，也跟我们一起调皮捣蛋，就像是我们这世界里的小头目一样。经常说起来，雅雄哥哥既在上边两个哥哥的世界的最底下，又在我们这些小兄弟的世界的最上边，所以，一直觉得他最有趣儿。

篠山这样一个宇宙

说起篠山，是篠山盆地的正中的城邑。人口 6 000 人。这个数字一直没什么变化。周围是村庄，我们住在中心的城里。青山藩的主君很热心于学问，所以虽然是乡村，文化程度还是比较高的。不是通常人们想象的那种很乡下的感觉。

我们因为是外来的城里人，所以称乡村的人为“当地人”。篠山方言中不大分得清“大”和“杂”，口音有时候让外人笑话。小的时候把当地人说成“脏地人”，大了才知道是指“当地人”。

篠山方言属于关西方言[1]，但和关西方言的感觉还不大一样。比如说，关系特别亲热的人，不管是高年级同学、兄弟、朋友，互相间会用“是么”这个词儿，意思是“是吗”，这种说法京都也用，而大阪、神户就不说。

还有就是，从篠山走出去，一般都是到大阪，而不是去京都。即使这样也很不方便。以前铺铁路的时候，篠山的长老们聚在一起商量：怎么可以让这种东西穿过祖上传下来的土地呢？所以福知山线[2]就没有走篠山。这样，篠山就非常吃亏。后来我老是说：长老们说的话，一般不是什么

1　关西方言：指以京都、大阪、神户为中心的近畿地区的方言。

2　福知山线：从兵库县东南端的尼崎市到京都府西北部的福知山市的铁道线，全长 106.5 公里。

好话。

终于，福知山线建了篠山口站，可以从篠山口站换乘轻轨铁道。我成天看着这轻轨铁道，真是一列小小的火车。而福知山线才是主干线，看上去神气多了。

当时，篠山自己就是个完整的世界。为什么这么说呢？因为乘铁路干线不是件容易的事情，难得能乘上一次。所以在篠山，一切都很充足。偶尔会去宝塚[1]。那是很让人兴奋的事情。乘干线，到宝塚，虽然我们这些男孩子不看什么少女歌剧[2]，玩儿的东西还是很多的。

那时候的修学旅行[3]都是说到海边儿去，看看海吧。很多孩子应该都是修学旅行的时候才第一次看见海吧。对海的一种说不清楚的向往，现在也还有。很喜欢“海好宽，海好大……”这首歌。

那时候，至少对都市有着强烈的向往。后来，大哥去了东京，二哥去了京都。哥哥们回来的时候都会带些礼物。这样，通过哥哥们就跟都市发生了联系。而周围其他的人跟都市是没有什么关系的。

1　宝塚市：位于日本兵库县东南部武库川沿岸，以宝塚歌剧团和温泉有名。

2　少女歌剧团：宝塚歌剧团的前身。1913 年由阪急电铁的小林一三创办，以宝塚市为大本营，演员均为女性，主演音乐剧，由花、月、星、雪、宙五个组构成。

3　修学旅行：日本为使儿童和学生进行实地参观或考察，由学校组织、教师领队的旅行。

拿手的科目是数学和语文

即便这样,兄弟们还是在自然当中摸爬滚打地玩得不亦乐乎。只有我,有些不一样。兄弟们大都喜欢在外边玩儿,我喜欢自己在家读书。就这点不一样。那时候都认为爱读书的孩子不大健康,所以我内心有一种强迫的想法:想让自己不要看书多去外边玩儿,做不到就不是好孩子。但实际上,我还是经常待在家里。从幼儿园的时候就不跟别的孩子一起在外边疯玩儿,就是做不到。我们家的哥哥们都是在外边疯玩的人,看着我可能也觉得异常吧。不过,哥哥们倒是都很庇护我这个胆小鬼的。

我小的时候的确非常内向,幸亏有了这些哥哥,才知道了在外边玩儿的乐趣。

中学上的是家附近的凤鸣中学。一个班 50 个人,一个年级有两个班。这就覆盖了篠山周围所有的地方。小学生有好多,也有很大的小学校。这么说来,从这当中能升到中学还是很有意义的。

上中学时,学习基本上都是以学校为中心。不管老师还是兄弟们、父母,都期待我能得第一。可我一直都是第二、第三,没当得了第一。我自己觉得怎么努力也不可能得第一,而父母、老师们都认为我不学习、努力不够才得不了第一的。我自己觉着已经挺努力了,可周围好像认为我如果更努力的话,成绩应该更好。我总感觉他们是这么看我的。

得第一的孩子需要非常地努力,而我在差不多的时候就会歇下来不干了。好好学的孩子确实能得 100 分,所以班主任对我老是觉得牙根痒痒,老是说要再加一把劲儿。可我觉得已经努力到尽头了,超过一定的限度,就没什么效果了。拿第一的人,肯定有很多做过头的努力都是白费掉的吧。

学科中,还是数学最容易懂。数学,属于理科吧。可是,语文也特别好。语文老师以为我将来会搞语言、文学什么的,数学老师以为我将来要搞数学。不怎么行的是英语。说不怎么行吧,其实分数还可以,只是老得不了第一。想起来了,我觉得语言就不能多想,就得稀里糊涂地学,可稀里糊涂地搞搞就搞错了。找不到感觉,怎么学也是要搞错。还记得那时候老是觉得英语太难了。数学只要思考就行,英语真拿它没办法。直到现在,还被自己英语不行的意识纠缠着。

撒了谎，无精打采

想想，我好像很少抽象地说话。文章也是，时不时地带出关西方言，而且总是口语式的叙述，很少能自如地应用抽象生硬的概念来讨论问题。这可能因为我从小就成天跟兄弟们在一起，没什么必要摆花架子。而且，就算你想装模作样，兄弟们之间，一下子就会被看穿。这就养成习惯了，什么时候都说真心话。要是想装装样子，被人一追究马上就完蛋。

说起妈妈，小学的时候有这么一段记忆。上一年级的时候，班主任老师叫山内，我很喜欢这个老师。班上有一个叫青木周的，什么都很优秀。一天放学要回家的时候，跟这个小周打了起来，两个人就被留下来了。其实我俩平常都不是什么坏孩子，可就这天回家晚了。所以最上边的哥哥很担心，就跑到学校来接。哥哥问起怎么回事儿，直说被老师留下来也太丢人了，只好骗哥哥说被三个坏小子欺负了。哥哥一下子无比愤慨：是谁?！好好教训教训他！其实是，前两三天，我看见几个高年级学生欺负和我同年级的小朋友，就把这事儿拿来用了一下。没想到，哥哥扬言要去教训他们，我只好赶紧打马虎眼：已经跑了，早跑了。

回到家，妈妈肯定在等着吧。那时候，我的记忆里不管是妈妈还是哥哥们，都很温和，决不忍心对他们说假话的。可是一旦编了谎话，不得不鼓足勇气继续编下去。就这样，我对着母亲又撒了一遍谎。

跟妈妈说好话,就到外边去玩儿了。这时候看见班主任山内先生到家里来了,其实我们班主任平时很难得到我们家来。我一边儿玩儿,一边远远地看着她跟妈妈说话,心想这下不得了啦,马上蔫了下来。后来妈妈说我了,"小孩子打打架不是什么了不起的事情,只是,以后再不许撒谎了!"

微弱的抵抗

回想起来,从那个时候起,时代渐渐地开始变坏了。特别是篠山出了些像本庄大将[1]和矶谷中将[2]这样的人物,有事儿没事就爱搞些仪式什么的做样子的事情。

现在想想,很明白的一件事,就是在我的内心有一种半无意识地抵抗严肃东西的倾向。碰到这种情况,老是去逗别的孩子发笑。当大家都严肃地低下头的时候,我总归心里有抵触,即使还是个孩子。所以,总是马上找点可笑的事情说说笑话,那时候就这样。这一来,事情就变成我不好了,经常受训斥。但我还是对那种形式化的事情有抵触,老是想些法子让大伙们笑翻了天。这一点上,我确实是个任性的孩子。没准儿那时候老师们看见我也挺头疼的吧。

还有就是,老师讲点什么,我就会插嘴:"这个早已经知道了","这个在哪哪哪写着呢",好像经常会说说这些,给权威找点麻烦。

---

1 本庄繁:1876~1945年,日本兵库县人,曾就读兵库县凤鸣义塾中学(即本书中的凤鸣中学,现兵库县立篠山凤鸣高等学校)。1897年毕业于陆军士官学校第9期步兵科。陆军大将(1933.4),"九一八"事变时下令侵占东三省的关东军司令。"二二六"事件时因替叛军说情而被昭和天皇解除职务。日本战败时作为甲级战犯嫌疑而自杀。

2 矶谷廉介:1886~1967年,第二次世界大战时日军将领,经私立普通中学凤鸣义塾、大阪陆军地方幼年学校、中央幼年学校,1904年毕业于陆军士官学校。1938年任关东军参谋长,次年因诺门罕战役引咎辞退回参谋本部。香港日治时期总督,南京军事法庭裁定战犯。

就这么着，惹老师讨厌。四年级的时候，成绩单上有“操行”这一栏，得了个“乙”。甲乙丙丁，我从来都是全甲，我也很为自己一直都是全甲而骄傲。本来这回也应该全甲的，可是可是，操行得了个“乙”。那时候在我们孩子心里，家里的爸爸还是挺让人害怕的。别的不说，成绩单怎么拿给爸爸看啊？给爸爸看了肯定要发火，可不给爸爸看也不行。回到家，只好胆战心惊地拿出来了。

谁知，爸爸说：“小学生嘛，稍微淘气一点儿操行就会得个‘乙’，没啥大不了的。要是到了中学操行还得‘乙’的话，那就是不良青少年了。”我听了这个，立马觉得“中学生实在是太伟大了”。这事儿到现在还记得清清楚楚。在我们这些小学生的眼中，中学生完全生活在一个不同维数的空间里。没惹爸爸发火，松了一口气的同时，想的就是这些。

还有，我特爱忘事儿。忘了做作业啦，忘了该带到学校去的东西啦。这种事儿也没多到登峰造极的地步，可在成绩好的孩子中，还是算多的。没少惹大人发火。

要说为什么呢？可能还是我专注的都是些别的事情，所以就老是记不住这些。

另外，就是晨礼上老是开小差，要命的是我还身为班长。

晨礼上开小差还有个趣事儿。我爸爸特别喜欢喝酒，经常引一帮人到家里，热热闹闹、吵吵嚷嚷地喝，喝好了再把客人们都送走。这里头的常客就有小学的老师。这么说起来，我家爸爸肯定还是蛮喜欢学校老师的。经常有小学的老师什么的，过年到我们家来，喝得醉醺醺的。

有一个老师常来我们家的。某一天晨礼上，这个老师发出一声号令："立正！"接着就听见他大吼："几年级几班的河合，在干什么！?"学生们都愣了，平常老师们顶多也就是"那个男生，站到前边来"而已，今天居然清清楚楚地指名道姓。整个学校的学生在底下，老师居然知道你的名字，实在让人浑身不自在。可那老师真的是知道我啊，成天到我们家来喝酒嘛。而且老师一声令下，我作为一个班长，还是满脸茫然地望着不知道什么地方发呆，老师肯定要发话的。不过在孩子心里，还是觉得老师也没必要当着这么多人点名吧？这件事儿印象好深。特别是，第二天这老师又是满面笑容、乐颠颠地跑我家来喝酒了。

特别的照顾

小学的时候很喜欢看书。刚才也说过的，那时候，人们普遍的想法认为小孩子看书太不健康，健康的孩子应该是在外边疯玩儿的。而且，我们家里其他兄弟几个都是健康的孩子，就更显得我不健康了。我家爸爸的规矩是：星期六以外不许看书。

因为这条规矩，有很多搞笑的事情。比如说，有《少年俱乐部》这么本杂志，那时候订的人家还不多。杂志即使送到了，家里大人也会一直藏到星期六才拿出来。所以，星期六一放学，兄弟们都会急匆匆地赶回家，排了第二的人只能耐心地等最先拿到手的孩子看完。没少为了这个抢来抢去的。

相比较而言，妈妈比较喜欢文学，经常看很多书，我跟妈妈说得比较多一些。小学四年级的班主任比较喜欢《亚森·罗宾》[1]，经常给我们读些《奇岩城》[2]之类的。我也喜欢得不得了，总是听得好入神。

这样，有一天，妈妈对爸爸说：“隼雄因为读教科书以外的书，老师表扬他了。”确实妈妈说的没错，我比别的孩子读

---

1 亚森·罗宾(Arsène Lupin)：是法国作家莫理斯·卢布朗在《怪盗亚森·罗宾探案全集》中创作的一个侠盗。

2 《奇岩城》：《怪盗亚森·罗宾探案全集》第九集。

的书多。妈妈在爸爸跟前还替我说话:“这样的话,星期天也让他看书吧?”然后,爸爸就问我了:“隼雄,你都看的什么书?”我马上就说,“亚森·罗宾”。谁知,爸爸发话了:“什么?这种书不行!净看些侦探故事,有什么用。”老师老是读给我们听的,爸爸居然说没用,实在让人泄气。就算这样,妈妈还是帮我说了不少好话。终于,星期天我也可以看书了。

接着,一到星期天,我就想看书,想得不得了,可兄弟们却全都在外边玩儿。说到这儿想起来了,下雪的时候,大家都在打雪仗,兄弟们一个不落,都在外边。这样的话,我心里就想趁机去读《少年俱乐部》的临时增刊号。可是我一个人在家里看这个,事后还不知会怎样被哥哥们笑话呢,所以不甘心地还是去打雪仗了。

话说,一旦打起来,还是很好玩儿的。哥哥们都很会玩儿。这时候,就能看出我们家哥哥的过人之处了,绝对不会真的把弟弟们打败。即使自己厉害也不会把弟弟彻底打败,都让着的。比如说,定下规矩,哥哥们被打着一次就算死了,几年级以下的弟弟们要被打着三次才算死。兄弟们玩儿的时候,一直是这样。

乒乓球也是这样,三比十算赢。如果小的慢慢长进了,三比十也一直能赢的话,哥哥就跟弟弟们说,接下来咱们按四比十来比吧。这样,比赛可以一直进行下去。这些规则,都是在兄弟们的小圈子里自己定的。只是,我上边的迪雄跟再上边的哥哥们能以对等的条件玩儿,在我和迪雄之间,规则的砝码就会落下来一大截。

说了不少兄弟们的事情,兄弟们当中只有我对小时候的一些小事记得比较清楚。现在大家一起喝酒聊天时,说起过去的种种,总会被他们说:你也太行了,还能记得住这些傻事儿!

与岩波文库[1]相遇

进中学是1941年(昭和十六年)。那一年,最上边的哥哥仁在新潟医大读书,说“进了中学,可以开始看些岩波文库的书了”,就寄了书来。那是《少爷》[2]和柯南道尔的《福尔摩斯探案集》。

当时的我,认为岩波文库是非常难读懂的书,也就是说,是大人们读的书。可是,读过以后才发现原来这两本书都很有意思。心说:怎么搞的,原来有这么有意思的书,居然没读过,真亏。

还有,就是单纯地觉得柯南道尔非常有趣,而对《少爷》,自己的感觉就复杂一些。老觉得,这样的书,我自己光说“好玩儿,好玩儿”是不是不太好?因为是岩波文库,总归有些什么发人深思的训导之类的吧,我光是觉得有趣,这么读下去好不好啊?所以给哥哥写信说:“你寄回来的两本书都很有趣,想要继续多读些岩波文库。可是读书光觉得有趣,行不行呢?”哥哥回信说:“只要有趣就很好。不过,我觉得《少爷》还是围绕着正义感为中心在展开。”我心想:到底

---

1 岩波书店:1913年以旧书店的方式成立于东京神田,翌年出版夏目漱石的《心》进入出版界。日本的高级出版社,不仅出版了众多的学术著作,分别于1927、1938、2000年创刊的《岩波文库》、《岩波新书》、《岩波现代文库》及以青少年为对象的《岩波少年文库》等等系列丛书为社会普及古典、学术研究成果也做出巨大贡献。

2 《少爷》:夏目漱石著。以下的《草枕》、《我是猫》均同。

是哥哥，说的就是好。这件事也留下很深的印象。

然后，因为我这么喜欢，哥哥就又寄回来了《草枕》、《我是猫》。

最上边的仁哥哥，真的是很喜欢读书。记得妈妈曾经说过“这个孩子把钱都花到书上了”，既是骄傲，也在叹息。

这样，我又非常喜欢《我是猫》。我只要一喜欢上，就会一句一句都能背下来那么喜欢，虽然搞不懂的地方也很多。

话题稍微跳开一下。我后来进了神户工业专门学校，在那儿结识到一个也很喜欢《我是猫》的朋友。跟那家伙不知道谈论过多少次这本书。这家伙也记得很多，像“是日也，天朗气清，总要携箪酒墨堤嬉游……”什么的词句都能背得过来。两个人还经常互相背，这里是这样，那里是那样，谈得不亦乐乎。

话题转回来。那时候我是中学一年级的学生，岩波文库对我来说是一种文化冲击。

再有就是一项重大发现：大人们凝神读的书里边，居然有这么带劲的。小时候我家里有新潮社的黄色裱纸的《世界文学全集》，哥哥说了：“你既然这么喜欢书，可以从那里边挑一些有趣的看起来。先看看《艾凡赫》[1]吧。”一读，才

---

1 《艾凡赫》：历史小说，英国作家司各特著，1820 年。讲述中世纪英国骑士的恋爱和勇敢事迹的故事。人物有艾凡赫、狮子王理查德、罗宾汉等。

发现,这个也是好有意思啊。

还读了《基度山伯爵》。小的时候看过《岩窟王》[1],就觉得特别有意思。再看《基度山伯爵》,真是太喜欢了。喜欢过头了,有点什么事儿,就说起基度山。搞得哥哥们老笑话我,"你就是基度山党啊"。

1 《岩窟王》:法国作家大仲马的小说《基度山伯爵》在日本明治时期初次翻译使用的日文版书名(黑岩泪香译),长期在日本以该书名流传。这里指的应该是面向青少年的简写版本。

比起文学，更喜欢故事

哥哥们大致也看同一类的书，所以“携箪酒……”什么的语句大家都知道，开玩笑的时候经常会用到这些。

比如说《基度山伯爵》吧，基度山第一次出现在阿尔贝面前时，有一个“贵族，这是纯粹的贵族”的场景吧，一有什么，我们就会拿出来说。

有的时候也会编得像剧本一样的演着玩儿，特别喜欢演《基度山伯爵》。这真是难忘。说到底，我还是比较喜欢有故事情节的书。

记得特别清楚的有，比如说中学的教科书。那是岩波书店出版的国语教科书。里边有，像吉田弦二郎[1]的文章。因为描写得非常出色，所以就作为例文出现在教科书里。碰到这种，我就一点也看不出名堂。长塚节[2]这样的自然主义文学家，我也搞不懂。因此，老是悲叹“自己真是没有文学才能啦”，虽然非常非常喜欢读书。

还有就是，短歌啦、俳句啦，这种东西一点也不明白，好

---

1 吉田弦二郎：1886～1956年，日本小说家、随笔家、剧本家。著有《小岛之秋》、《小鸟飞来的日子》等。

2 长塚节：1879～1915年，日本短歌作家、小说家。曾入正冈子规门下学习，以小说《土》成为日本农民文学的先驱。著有《长塚节短歌集》等。

在哪儿呢？比如说子规[1]的俳句“雞頭の十四五本もありぬべし”[2]，我就到处说：“那就是因为是子规写的，大家都赞不绝口。要是街上游手好闲的大叔写的，谁会多看它一眼？”结果被结结实实地凶了一顿：“不许说这种傻话。”可也没人跟我说清楚我到底傻在哪儿啦？

被人劈头盖脸地凶一顿，真让人生气。可生气管生气，我本质上还是有极其认真的一面，所以依然会觉得自己太没有文学才能了。

1　正冈子规：1867～1902年，日本现代俳句创始人，与夏目漱石交往甚厚。创作涵盖俳句、短歌、新体诗、评论和随笔等领域，对日本近代文学产生巨大影响，是代表明治时代的文学家。因结核病菌侵蚀脊椎，后期无法坐、立，只能仰卧病床。子规的号也是为了描写咯血状态的自己而取。主要著作有《墨汁一滴》、《病床六尺》和《仰卧漫录》等。

2　大意为：鸡冠花应该已经开了有十四五枝吧。该句收录于《病床六尺》。当时子规已经只能卧床。当年结核病完全是不治之症，子规本人对死的领悟早在诊断出结核病时已开始。特别是卧床后，每日只能通过薄纸拉门上部的玻璃看到外边的天空，在思考“死亡”时更加挂心无法看得到的院子里的鸡冠花。鸡冠花因其开得盛艳和谢得凄惨壮烈，经常代表着“生死的课题”，这里充分地体现出子规重病在身时对另一个世界的思考和咏叹。

哥哥们的读书指导

就这样,最上边的大哥就像是我的读书领路人一样。那时,就给我送回来《少爷》、《福尔摩斯探案集》。《福尔摩斯探案集》应该是一套三册,三册读完了,在家里成天模仿福尔摩斯,“华生,……”什么的。

漱石,也是因为喜欢,读了好多。哥哥有不少有关漱石的书,所以,森田草平写的《夏目漱石》、小宫丰隆写的《夏目漱石》,一本一本的都看过。

《草枕》、《虞美人草》都读了,后期的作品倒没怎么读。我的读书领路人肯定也有他自己的基准来判别一本书适合不适合给孩子们看。

中学时期并没有读《心》这本书,那是后来读的。后来读了以后也开始喜欢上了,但最初哥哥倒没有推荐这一本。

那时候,大哥对我们所有兄弟都给这类指导。

但这样一来,二哥被激起必须反抗大哥的情绪。于是,就有了石川达三[1]的《结婚的生态》啦,类似的这种书,而且还给我们看。这跟大哥推荐的书太不一样了。还有石坂洋

---

1 石川达三:日本小说家,早稻田大学肄业。作品多表现时事、社会问题,1935 年以描写巴西的日本移民状况的小说《苍氓》获首届芥川奖。著有《活着的士兵》和《人墙》等。

次郎[1]的《年轻人》什么的。那是一本大书,还记得很清楚。

也就是说两个哥哥是不一样的系统。岩波系统的长子,和喜欢石坂洋次郎这样的作家的次子。二哥哥推荐的书跟大哥的是不大一样,不过也挺有意思的。记得那时候一边想着"这也太不一样了",一边兴致勃勃地读着。不过,到了今天发现其实对书的内容倒没留下太深的印象。

1 石坂洋次郎:日本小说家,庆应大学毕业。著有《年轻人》、《绿色的山脉》和《石中先生行状记》等。

从电影看欧洲文化

有关电影也有一些有趣的回忆。那是马上要进中学之前的春天。那时候京都大学成立了临时医学专门学校，二哥哥进这个医专到了京都。为了庆祝哥哥入学，我第一次单独一个人跑到京都找哥哥。

然后，哥哥就带我去看电影，完全彩色的《罗宾汉[1]历险记》。那时候，能看到一部全彩的电影是很了不起的，而且是罗宾汉的恋爱故事。快要升初一的时候，看这种电影第一反应就是："居然有这样的世界！"所以，那个电影的很多场景都记得很清楚。漂亮的女郎出场，说些漂亮的话，真是个不得了的体验。

除此之外，还看了一两部电影，不过电影的名字都记不清了，只有这个《罗宾汉历险记》记得牢牢的。罗宾汉在舍伍德森林里演说的样子实在太帅了。看这部电影，对我来说，真是一个非常重要的人生体验。

《罗宾汉历险记》是英国的片子，《基度山伯爵》是法国的。所以，战时，我总是觉得好不可思议。也就是说，能够创造出这么精彩的作品的国家的人，怎么都是鬼呢？实在不可想象。这事儿一直存在心里，总是特别想到欧洲去看

1　罗宾汉：英国民间传说中的英雄，擅长使用弓箭，出没于森林，劫富济贫，经常出现于文学作品中。下文中的舍伍德森林是英格兰诺丁汉北郊的皇家森林，为《罗宾汉历险记》的重要舞台。

看。想去的根源在于舍伍德森林啦、基度山啦，而这些国家又恰恰是敌对国。

这是一个日本完全没有的世界。和有着这种美丽恋爱的世界的文化作比较，再来看日本，说日本是心术不正也好，说是黑道精神也罢，就是这么回事儿。所以，小小年纪心里一直在疑惑“说是鬼畜美英，到底真是这么回事吗?”抱着这种疑惑，心想，欧洲虽然可能一辈子也没机会去了，不过一旦有机会还是非常向往的。那年代心里这些念头是没法儿跟人说的，而且我们那篠山又是乡下。妹尾河童[1]的《少年H》写的是神户，到底是大城市，即便舆论是“鬼畜美英”一色的论调，实际现实中，社会整体还是一种对其不可置信的气氛。而我，待在乡下，完全是孤独地抱着这种想法，跟同学都不敢说。

也就是说，那时候中学二三年级的学生想象中的恋爱就是玩弄女人啦、到街上找女人调情啦之类的。对这种想法，我实在厌恶得不得了：明明可以是很纯洁的事情，却庸俗成这样。人们一说起男女之间的关系，就是好色啦、没好事儿啦等等。一到这时候，我心里就很不忿：“说什么呢！男女之间的关系也可以很美的，只不过你们都不懂。”可惜，没法儿说出来。

---

1 妹尾河童：本名妹尾肇（Hajime Seno），1930年生于神户，舞台艺术家。著有《窥视欧洲》、《窥视印度》等畅销书。《少年H》是以其少年时期的经历为素材写的第一部小说，获每日出版文化奖特别奖。

妈妈的《万叶》、《古今》争论

而我的父母对我们读书的事情，一直也不插嘴。前边也说过，在我们家，一旦成了中学生，就有了相当的自由。进了中学以后，“除了星期六，不可以读教科书以外的书”这样的规则也没有了。还有，点心也可以随便吃。表面上看，中学生的待遇跟大人一样，随便干什么都行。书也随便看什么都可以。我甚至觉得爸爸对这些事没有什么兴趣。

而妈妈对文学还是很有兴趣的。我们谈起自己看的书，妈妈总会有回应。

中学时候——也可能是小学——有一件印象很深的事情。雅雄哥哥和迪雄哥哥已经上中学了，从中学老师那儿学了些“《万叶集》[1]很不错，而《新古今》[2]、《古今》[3]就没什么意思”的观点，回到家里说给大家听。

妈妈听了开始反驳：“说什么呢？说起和歌，《古今集》

---

1 《万叶集》：日本今存最古老的歌集，成集于奈良末期或平安初期。共二十卷，收录长歌、短歌、旋头歌等4 500余首。

2 《新古今和歌集》：镰仓初期日本第八部敕撰和歌集，共二十卷。奉后鸟羽太上皇之命于1205年编成，收录和歌约1 980首。多为使用各种表现技巧的华丽作品，被称为新古今风格，与《万叶集》、《古今和歌集》合称为和歌风格三典型。

3 《古今和歌集》：日本平安初期的第一本敕撰和歌集，共二十集。905年奉醍醐天皇的敕命，收录了《万叶集》之后的约1 100首优秀和歌。

当然是很好的啦。看看《百人一首》[1]就应该明白了。”对此，哥哥们反击：“妈妈说的不对，那不全是和歌，和歌还是《万叶集》最棒。”这时候，妈妈说的话我到现在都忘不了：“你们要真是这么想的，那么拿出《万叶集》的某一首歌来，解释一下，自己是觉得这个比《古今》的某一首要强。你们现在不过是把老师说过的话拿出来又说一遍罢了。”

那个老师姓川端，我们给他起个外号叫河马[2]。其他人就跟着妈妈的话起哄，“你们不过照搬河马的话。把河马搁一边儿，说说自己是咋想的?”而河马也不过照搬正冈子规罢了。这时候我就知道：哥哥们输了！这件事我记得好清楚。我们家妈妈接受的教育是：《古今集》是优秀的。在这次论战中，最后妈妈说的那句话让哥哥们闭嘴了。我特高兴：哇，妈妈赢了！这是我小学时候的事情吧。

说起我爸爸，那就从来不掺和这些事儿。爸爸只是给我们看到他认真地做自己的齿科医生的姿态。

我家爸爸最喜欢的一句话，我不知听到过多少遍，那就是“守本分”。“我尽全力守好我自己当齿科医生的本分，孩子们的本分就是玩儿，只要尽兴玩儿就行了。所以，不用想着爸爸在工作而我们怎么一天到晚光是玩？你们是孩子，

1　《百人一首》：正式名称为《小仓百人一首》，13 世纪时藤原定家编撰，诗集中收编了 7 世纪至 13 世纪的 100 首有名的短歌。

2　川端：日语读音为 Kawa(川)bata(端)，取两个字的第一个发音为 Kaba，与“河马”发音相同。

既然孩子的本分就是玩儿，那么就玩儿。爸爸是大人，爸爸的本分是工作，那么就好好工作。”这样的姿态，好像传给了我们所有的兄弟们。

所以，上边说的那些话题，只有妈妈参与，和爸爸根本就毫无关系。即使这样，身边有一个一丝不苟地生活着的爸爸，还是很让人敬畏的。就是说，看着这样的爸爸，我们这些孩子的心里就会有一条明确的界线：人活着，绝对不可以胡来！

中学时代的读书

中学时代，还没有读过什么哲学的书。读哲学书是中学四年要毕业的时候。从那个时候开始读了，当然还是受到哥哥的影响。

只是，我的中学，好好上学的日子只有前两年。到了三年级，几乎全部被“动员”[1]出去了。我刚进三年级不久因“学生动员”到了伊丹[2]。

到了伊丹，在伊丹的兵器工厂劳动，我成了一个车工。住在工厂的宿舍里，跟大家伙一块儿过住宿舍的日子。刚开始一段时间还好，不久，吃的东西越来越差，人也瘦得像根豆芽菜。关于学生动员前后的事情回头再说，先谈谈中学时候读过的书。

因为家在乡下，岩波的广告是不来的，但教科书里有《草枕》。记不太清楚那是几年级了，《草枕》是从第二章的“‘喂’，我喊了一声，可是没有人应门”开始的。

还有就是《源氏物语》中的一节，孩提时代的紫上登场。那应该是中学三年级吧。还能记得当时很诧异：这到底是什么呀！先生倒是赞不绝口的，我总搞不清为什么这就算

1　学生动员：太平洋战争时日本对学生的强行动员。根据昭和十九年(1944)公布的《学生劳动令》，中学生以上全部参加军需工厂等的劳动。

2　伊丹市：位于兵库县东南部，以酿酒业和机械工业为主。

是好，而且就那么一节。像大庭美奈子[1]那样小学的时候就读《源氏物语》，我真不是这样的天才，而且我还是个西洋迷。这些跟西方的作品完全不同，还只学一小节。所以现在还记得清楚自己当时想不明白它们到底好在哪儿。

不过，我还是很喜欢国语这一科的，考试的分数也很好，特别是语法。家里人给我起个外号：语法博士。人们说个什么，我就会来上一段：这从语法上来说是这样的，这里语法错了，实际上应该是这样的，等等。就这么着，得了个语法博士的称号。而国语老师在这一点上对我是很认可的，只是我一直认为自己没有文学才能，不大可能做这方面的工作。

另外，中学一年级开始花很长时间看了《南总里见八犬传》[2]。从一年级到二年级，花了差不多一年的时间。哥哥在旧书店看到买回来，说是挺有意思的，我就看起来了。实在太有意思了，而且文章也很好读。

现在还记得里边有一个叫船虫的毒妇，"船虫鬻春图"，也不知道说的是什么，可总觉得不是什么好事情。好像是

---

1 大庭美奈子：1930～2007年，日本女小说家。1968年以《三只蟹》获群像新人奖和芥川奖。代表作有《寂兮寥兮》、《啼鸟》、《津田梅子》等。获谷崎润一郎奖、野间文艺奖、读卖文学奖、川端康成文学奖等，芥川奖评选委员、日本艺术院会员。

2 《南总里见八犬传》：长篇传奇小说，曲亭马琴作，共9集106册。1814～1842年刊行，描写分别象征仁、义、礼、智、忠、信、孝、悌八种美德的里见家臣八犬士的传奇故事。

在卖什么，可到底卖的是什么？不过，心里明白，这事情是不能问别人的。

“语法博士”是中学二年级的事情，当时很喜欢逻辑性的思考。想来，小学时其实就是这样，时不时地给老师出难题，自己还挺得意的。

不过想想，这习性跟《南总里见八犬传》这样的故事怎么能共存呢？

神话和传说故事

在我身上一直有这种不能共存的事情，两种极端的倾向。比如说，很喜欢数学。数学比较出类拔萃，没有为了考试复习过数学，从来都感觉绝对没问题。数学一直就这么拿手。所以说，自己很擅长逻辑思维，可在另一个极端，又非常喜欢故事。对日本的神话什么的，一直怀有又爱又恨的非常矛盾的情绪。

为什么这么说呢？逻辑性很强，可又很讨厌军队。对很多事情都会觉得："说什么呢，这也太傻了吧！"

我已经不记得了，据"猴子"哥哥雅雄[1]说，我曾说过："按进化论的观点来看，天照大神[2]不是跟猴子最接近吗？"

另一方面，我又很喜欢故事。自己会去看些《古事记》什么的，看了还觉得特别有趣，但又不想承认自己喜欢这些。因为实在对自己生气，怎么会喜欢这种东西呢？这种

---

1 河合雅雄：1924年生，本书作者河合隼雄的三哥，著名的灵长类学家、儿童文学作者，也以草山万兔的笔名发表童话作品。京都大学名誉教授。1967年起，任京都大学灵长类研究所助教、教授、所长。京都大学退官后，任日本Monkey Center所长、兵库县立人与自然博物馆馆长等职。研究灵长类50余年，通称"猴子博士"，为世界的灵长类研究权威。

2 天照大神：日本神话中将太阳神格化的神，日本皇室的祖先神，作为日照之神供奉于伊势的皇大神宫(即伊势神宫的内宫)。

心情一直都有。其实，心底里是喜欢“到伊奘诺尊[1]的黄泉国去”这一类故事的。

说起来，我小的时候就特喜欢格林童话什么的，后来喜欢欧洲可能也起因于这种过去的故事吧。最不懂的就是自然主义的文学啦、志贺直哉[2]什么的。都说文章很好，可我就是看不明白好在哪儿。

按当时的时代背景来看，日本神话被赋予各种各样的意义更加神话化了。自己对这些很生气，不分青红皂白地就想全面否定，可读一读神话，又会喜欢。这实在让我左右为难。所以，不大跟人明说我其实喜欢这些。

从读书这一点来看，好像谷川俊太郎[3]也一样，很受阿尔斯出版社[4]的《日本儿童文库》的影响。读了很多，那里边有很多传说故事、神话，据说他连插图都能记得。

我同时还喜欢一些地球历史方面的书，里边有恐龙什

1　伊奘诺尊：日本神话中的男神。

2　志贺直哉：1883～1971 年，日本小说家。其作品大多从自己及和自己有直接关系的生活中取材，其创作手法上的现实主义精神对同时代的日本作家有深刻影响。著有《在城崎》、《学徒的菩萨》、《暗夜行路》等。

3　谷川俊太郎：1931 年生，日本当代最著名的诗人，同时也是翻译家、绘本作家、剧本作家。诗集有《二十亿光年的孤独》等，绘本、散文、小说等著述众多，与本文作者河合隼雄先生有对谈集《灵魂不需要手术刀》。

4　阿尔斯出版社：取自拉丁文的 ars（意为艺术），成立于 1915 年，主要出版文学及美术书籍。《日本儿童文库》为该社 1927～1930 年出版的 76 卷面向儿童的文集。

么的。中学一年级到三年级读了不少科学的书。

所以说，当时，自己在这一点上是很分裂的，故事神话类和逻辑性的，两方面都喜欢。

把雅雄哥哥的《德米安》给丢了

说起为什么会喜欢科学类的读物，那还是因为雅雄哥哥知道得比较多。那是什么时候啊，好像是雅雄哥哥中学毕业两年后终于进了新潟高等学校。那个时代在丹波的篠山，中学毕业直接能够进高等学校，简直就是无以类比的秀才，是会远近闻名的。因为丹波出的军人比较多，跟这个高等学校相同水平的，也有上陆军士官学校、海军兵学校的。中学毕业后，升学的出路有三条，陆士、海兵和高等学校。当然，谁也进不了一高，去得比较多的是姬路高等学校啦、六高什么的[1]。

慢慢地知道了这样的世情以后，我们家的哥哥们都有一种类似期待的感觉，觉得我应该应届就进高等学校。大家都觉得隼雄是当然应该进的，这让我也觉得是必须要进去了。所以，比较早的时候就开始做考试的准备了。

1　日本战前的旧制高等学校的主旨在于，作为各个帝国大学的预备教养阶段，为培养将来的各个行业的骨干精英，形成有涵养的人格，对其学生无论文理科，都进行广泛浓厚的修养教育，如古汉语、外语、文学、哲学、伦理学、逻辑学、历史学等。最早为 1886 年设立的第一高等学校和第三高等学校（简称一高、三高，数字代表学区，不代表设立顺序）。各高等学校与各相应的帝国大学招生人数基本相等，高等学校的毕业生如不挑选特定的专业，均无需考试可直接升入帝国大学。战后，教育制度改革，原旧制高等学校均编入相应的大学，如下文中的一高编入东京大学教养学部、三高编入京都大学教养学部（现综合人间学部）、姬路高等学校编入神户大学教养学部、新潟高等中学编入新潟大学人文学部・理学部、六高编入冈山大学法文学部・理学部・教养学部，等等。

雅雄哥哥在中学时期，简直就是玩疯了[1]。可后来突然像变了一个人似地开始学习，决心要进高等学校。这样，就进了新潟高等学校。

可惜，雅雄哥哥虽说是进了新潟高校，却得了胸膜炎只好休学，一直在家卧床。所以，还是中学生的我一回到家，总是先到这个哥哥的病床前。哥哥只能躺着，我们就漫无边际地聊天。宇宙啦、基度山伯爵啦，这些都是跟这个哥哥聊的。那个时候，河合雅雄是我的指导者。

不管怎么说，虽说每个哥哥的作派都不大一样，但我真是深受这些哥哥的影响。上大学时，有时候像回事儿似地跟别人高谈阔论些什么，会突然发觉自己不过是在转卖哥哥们的观点，一下子就愣住了。没什么真的自己的见解，只是借用了哥哥们的观点而已。

有关雅雄哥哥，还有一件难忘的体验。这个哥哥非常喜欢黑塞[2]的《德米安》。我拿来看了一下，发现自己实在是啃不动，就扔一边儿了。那应该是战争结束后，中学毕业了上神户工业专门学校的时候吧。谁知怎么想的，到底还是问哥哥借了来，在电车上读。然后忘在车上给搞丢了。

---

1 有关河合雅雄的青少年时期，可参见其著作《少年动物志》，福音馆文库，2002 年。

2 黑塞：Hermann Hesse，德国诗人、小说家。和平主义者，反对两次世界大战。1946 年获诺贝尔文学奖。著述有《德米安》、《乡愁》、《玻璃球游戏》、《在轮下》等。

我就这样把哥哥的《德米安》给搞没了。当时也没卖的,又不能重买一本还给他。实在伤脑筋了一阵子:怎么跟哥哥说啊?谁知说了以后,哥哥也只是一句“这也没办法了”,并没有太生气。

想想,大概也就是因为我看不懂这个《德米安》,实在看不懂就给忘了。这真是太惭愧太惭愧了,哥哥这么赞赏的一本书,我居然看不懂!这种感觉结结实实地留在心底。

能够因《德米安》而感动,是有了年纪以后的事情了。不过小时候的这件事情总是不能忘怀。

与西方音乐相遇

文学以外，还应该说些什么呢？对了对了，音乐是绝对不能不说的。最上边的哥哥仁不是到东京去了嘛，在那里第一次接触到西方音乐。大哥还把西乐的唱片带回家来，这跟乡下完全是不一样的世界。第一次听到的是《森林水车》[1]。因《森林水车》而感动，接下来就开始听《卡门》、《塞维利亚的理发师》等等。

现在还记得好清楚，这么听下来，《塞维利亚的理发师》的音乐是好棒，可心里一直在嘀咕：这跟理发有什么关系呢？实在是不可思议，只好去问哥哥了："这音乐跟剃头到底有什么关系？"哥哥听了，哈哈直笑，告诉我："歌剧不是这么回事儿，这是歌剧的序曲。"然后又教给我歌剧的序曲究竟是怎么回事儿。听了这些，高兴得不得了：原来是这样！接着，听夏里亚宾[2]的《跳蚤之歌》，又是一次难忘的体验。

最上边的大哥哥特别喜欢音乐。不光是音乐，还有电影，我都从大哥哥那里受益不少。这个哥哥想拉小提琴，想

---

1 《森林水车》：德国作曲家艾伦贝格（Richard Eilemberg，1848～1925）的代表作。

2 夏里亚宾：1873～1938年，俄国男低音歌唱家。是一位具有独创精神的艺术家，表演与人物、语言和歌唱高度融合，嗓音洪亮、音域宽广、音色多彩而有柔韧性，富有表现力，被誉为"低音歌王"。《跳蚤之歌》由俄国作曲家穆索尔斯基作于1879年，歌词选自德国诗人歌德的诗剧《浮士德》第一部第五场中魔鬼梅菲斯特与一群朋友在酒店里所唱的《跳蚤之歌》。

得不得了。我们家妈妈会拉小提琴,所以家里有现成的小提琴。只是,被一句“男孩子,拉什么小提琴”给否定了。那时就是这样的时代。于是,哥哥就去买唱片。当时还是粗纹唱片,都得人去翻,在曲子的哪一段该翻盘现在我都还记得。

大哥、二哥暑假都会回家,然后教给我们西方的歌曲、音乐等等。我也从中得到勇气、得到安慰。慢慢地,战争开始了,这些就都消失了,那种心情实在难以描述。所以,如果用和音乐的关系来说的话,我的青春时代到了中学二年级就结束了。

青春时代的歌

我家里兄弟六个,都是男孩子。这方面,我想我家的爸爸妈妈还是比较开通的。他们觉得应该多跟女孩子接触接触,经常会叫了周围邻居的女孩子们来,一起唱唱歌呀、散散步呀。那时候,正好是我的以《罗宾汉》开始的青春时代。

对了,对了,那时候,觉得探戈非常非常的帅,《蔷薇的探戈》、《卡普利岛回想》,我现在还能唱。还有《小小咖啡店》、《昆帕舞曲》[1]什么的。

我家里有手风琴,在那时候的篠山还是非常少见的。我家妈妈拉那个手风琴,哥哥们也拉这些曲子大家一起唱。那真可以说是"我的青春时代"。接着,一切就急剧变得灰暗,青春也一下子不知道消失到什么地方去了。一说起自己的青春时代,首先想到的就是那时候唱的那些歌。还有《巴黎屋檐下》[2],自己倒没有看过这个电影,听着哥哥们总是提起来,自己也就像是看过了一样。《会议在跳舞》也是。

前不久我去了美国的科罗拉多州,到了那儿,问起大家《科罗拉多的月亮》这首曲子,那些美国人居然都不知道!我们那时候一直在唱,而且还是用英语唱!

---

1 昆帕舞曲:La cumparsita,阿根廷探戈名曲,乌托斯·罗德里格斯作曲于1915年前后。

2 《巴黎屋檐下》:莱恩·克莱尔的代表作,尽力展现了20世纪30年代初的巴黎城市及风土人情。

这些新文化,都是最上边的两个哥哥带回来的,不过老大和老二不是同一种类型。看上去,老二比较柔和一些,而老大,毫无疑问的是正统派。

老二弹曼陀林,所以,怎么说呢,总归比较偏流行、大众化一些吧。我上中学一年级是昭和十六年(1941),正是日本准备要大举进入战争的时候,但日常生活没有受到太大的影响,还算是个不错的时代吧。但这种青春时代的感觉,在那以后,一下子就变灰暗了。

当了军医的二哥

还有一件绝对忘不了的事,就是二哥想进陆军士官学校。他一直说要进军队为国尽忠,是一个凡事从正面想的人。

只是,不知是幸还是不幸,他没考上士官学校只好进了临时医专(医学专门学校)。但他自己总想着进军校就可以当军人了,所以一直闷闷不乐。这样,从临时医专出来,就去当了军医。可惜,一进军队,立刻就看到了日本军队的实际状况,后悔得不得了:“要是不来就好了。”

现在我还记得很清楚,这个哥哥出征的时候,大家都来送行。喝着酒,热热闹闹的。我想这个哥哥没准要死,忍不住地伤心。当着大家的面,又不能露出伤心的样子。实在受不了,只好躲在没人看见的地方,一直哭、一直哭。真没办法想象这个哥哥死了怎么办。

二哥当了军医,终于要赴前线了。走之前回家来,对我说:“战争这种傻事情到我们为止就行了,你绝对不能再去当军人。”说了这句话就走了。这也是我后来拒绝推荐上军校时的一个强大的支撑。这个哥哥知道我绝对不适合进军队,而且看到了日本军队的令人厌恶的一面。

后来,哥哥作为军医上了医院船布宜诺斯艾利斯号。刚好在上陆的时候,布宜诺斯艾利斯号被美军击沉。这是当时的一件大事,哥哥正好没在船上,奇迹般地逃过一命。

后来又到了马来西亚,敌舰队来的时候,想着这次肯定完了,结果战争就结束了。真是捡了一条命回来。

话题稍微说到后边一些。二哥就是这么样一个人,战后因为自己还是单身,又是军医,把复员的工作全部接下来,一直到最后才回来。把别人的事情都安排好以后,他是最后一批才从马来西亚归国的。

那时候,我已经进了神户工专(工业专门学校),人在神户。知道哥哥最后一批回来,一遍又一遍地去打听,终于知道哥哥乘的火车过了午夜后会经过神户,就一直等着等着,然后上了那辆车。上去就问人:“有没有一个叫河合公的军医?”人家马上告诉我:“有的有的。”因为是军医,所以大家都认识。终于见到哥哥,虽然瘦得都脱形了,不过还是能认出来。我向他喊道:“喂——!”哥哥看我长这么大已经认不出了,说:“请问你是哪位?”

正是抽条的时候,我一下子长高了不少,也难怪他会问“请问你是哪位”。只记得哥哥当时高兴得不得了,我们一起回了家。

我怕死

再接上原来的话头吧。哥哥上战场临走的时候对我说了“你绝对不能再去当军人”。

后来就发生了一些跟这话有关系的事情。我上到中学二年级,大家都进预科练(海军飞行预科练习生)什么的。我的中学二三年级基本上没什么记忆。好像每天就怕死掉,实在受不了,其他的事情也就记不大清楚了。大家却像都不怕死一样的,都说要是为了国家去死,怕什么！看上去只有我一个人怕死,所以跟谁都不敢说。

大哥那时候刚好在新潟医大。我自己实在不知如何是好,就给哥哥写了封信:“说心里话,我很怕死。死这件事实在让人害怕,也不知道死是怎么回事儿。我觉得自己还是有爱国心的,但看着大家都去赴死,只有我一个人胆小,真是惭愧。”

还跟哥哥写了:“如果能搞清楚死是什么,那该有多好。爸爸和哥哥们好像对死这件事都已经大彻大悟了,是不是因为大家都是学医的？如果是这样的话,我以后也想去学我一点都不喜欢的医学。”

哥哥的回信来了:“怕死是再正常不过的事情了,一点都没什么需要感到羞耻的。如果说只有军人才能为国尽责,那只能说是无能吧。人只要尽了自己的本分就好,我不认为只有当了军人才是最爱国的。”除此之外,说的第三点让我感到吃惊:“学了医学,还是不明白死是什么。学医,只能知道别人的死亡,对自己的死还是一无所知。”也就是说,知道人为什么会死,但对自己来说,死还是搞不明白的。

接下来的话,更让我震惊。“关于死,无论是父亲还是我,都没有彻悟。只能是做着自己喜欢的事情,慢慢地花很长很长的时间去领悟。为了解决死的问题想进医学部,如果喜欢医学的话没有问题,不喜欢的话,还是打消这个念头比较好。”这封信,我一直保存着。

给爸爸的信、爸爸的决断

中学四年级的时候,刚好是战争快要结束的时期。那时候军校为了保证学员的来源,居然说得出口,要采用推荐制。然后我们学校就推荐我去,到家里来跟我父母说。

这么一来,我家爸爸很高兴。说起来在篠山这块地方,军校可没几个人那么容易就进去的。而且在军人一边倒的时代,这是无上的荣耀。看上去,爸爸也高兴,妈妈也觉得是难得的机会,其实妈妈心里是很不情愿的。不过,这一点,我妈妈好像跟人不大一样,虽说心里不情愿,但她总觉得没那么容易就进军队、上战场、就战死了。这也是我后来才知道的。

只是我自己得到推荐后,实在是恐慌,绝对不想去! 可是,爸爸也高兴,老师也高兴,都说值得庆贺。这么一来搞得我也说不出口,只好晚上给爸爸写了一封信。在信中写道:二哥说了"战争这种傻事情到我们为止就行了,你绝对不能再去当军人",大哥也说"如果说只有军人才能为国尽责,那只能说是无能吧。人只要尽了自己的本分就好,你是不适合当军人的"。信中引用了两个哥哥的话,悄悄地放在了爸爸的枕边。

第二天到了学校,一直还在担心:事情会怎么样呢? 放学回到家里,爸爸说:"对了,那件事儿我已经回绝了。"到底怎么回绝的,我现在也不知道。说白了,那种时代,这就像是卖国贼行为，搞不好就会被贴上“非国民”的标签。

爸爸是比较直白的认为是为了国家，爱国心也比较强，得到军校的推荐，还是挺高兴的。后来才知道，妈妈就不大一样，妈妈是支持我的意见的。比起爸爸来，妈妈看孩子更仔细一些，很明白这个孩子绝对不适合当军人，而且心里想着没必要兄弟六人一个跟着一个去送死。

结果好像也没受到周围很强烈的责难，反正爸爸去回绝了这个推荐。不过，支持爸爸去做这件事的，还是两个哥哥的话。

我们家爸爸，是那种比较男性的、严厉的、做什么事都雷厉风行的人。我本来以为他不大可能赞成我的想法的，谁知道，居然爽爽快快地去了断了这件事。而且也不多啰嗦，轻描淡写的一句：“对了，那件事儿我已经回绝了。”绝对不挂在嘴上说什么“我费了多大多大的劲，才如何如何的”之类的话。

没想到的结果

没想到,这件事后来还带来了个好奇怪的结果。简直是奇谈。我自己倒不大记得了,还是雅雄哥哥在我大学快毕业的时候告诉我的。当时听了目瞪口呆的:我竟然是因为这个高等学校落选了,没上成姬路高等学校。

我还在上中学四年级,因为学生动员几乎一直在工厂劳动。那时候,到了中学四年级一律都让毕业。所以五年级和四年级的就一起毕业了。而且战时诸般不便,高等学校的入学考试也取消了,只凭个人的材料来选取。材料审查把绝大部分都刷掉,能留下来的就参加面试。

我虽然没当过第一名,可一直都是第二名,想着材料审查应该是绝对没有问题的。三高比较危险,但姬高应该没有问题,所以就报了姬路高等学校。可谁曾想,居然第一次审查就被刷下来了。怎么也没想到会落选,却真的落选了。

这么着,就在当时那种空袭完了接着空袭的状况下,爸爸居然一段一段地乘着火车,专门跑到姬路去问,为什么会落选?然后才知道,军训得了“丙”,才被刷下来的。因为拒绝去上军校,军训的教官给了一个“丙”,而姬路高等学校把所有军训得“丙”的都扔一边儿了。这个姬路高等学校是全家都期待着绝对能够进的学校,居然第一轮审核就落选了。

倒是很有趣,我一点都不记得爸爸跟我说过落选的原因是因为军训得了“丙”。爸爸冒着生命危险专门到姬路去问这件事倒是记得蛮清楚的，真对爸爸满怀感激。就这样，没上成姬路高等学校，我就进了神户工业专门学校的电气科。

话题稍微偏一点儿。说起雅雄哥哥去新潟的理由，是因为大哥在读新潟医大，就去了新潟高等学校，这样可以一起生活。再进一步说呢，因为爸爸是齿科医生，为了继承父业，大哥上了现在的东京医科齿科大学的前身——东京高等齿科医专——这是那时候唯一的公立培养齿科医生的学校。从这个专门学校毕业以后，因为成绩好就又上了医大。后来问起哥哥，才知道其实他本意也想拖延被征兵的时间，得到学校的推荐就进了新潟医大。大哥叫三哥也去新潟，这样三哥雅雄就进了新潟高等学校。三哥是中学毕业后过了两年才考进去的。

我为什么去了神户呢？一是离家近，再就因为工专是理科。那时候，理科的学生征兵是有缓期的。因为没能进高等学校，就剩下专门学校了，这样就去考了神户工专的电气科。

中学时期的恋爱观

刚才说过，我们家都是男孩子，所以父母有时会请一些女孩到家里玩儿。中学时代，当然会对异性产生好奇，我呢，完全浪漫的幻想式，简直就是罗宾汉。漂亮的女孩子们来了，就跟哥哥们一起唱歌啊、玩儿啊。不过我想，那时候，根本就没有产生过什么恋爱啊、结婚的概念。但是因为周围有了这么出色的女孩子们，也会促使自己不断地提高，这种心情倒是蛮强烈的。

也就是说，一直认为文学表现的完全是另外的世界，根本没想到会发生在自己身上。而且前边也提到过，我跟同学也是很多话说不到一起的。

人们都认为男女关系属于软派，而硬派则是武道。我哪一派都不是。当时，跟兄弟们是有共同语言的，看的书也一样，很多感觉能够共鸣。

慢慢的，哥哥们开始恋爱了，那简直是无法用语言表达的体验。终于知道了，恋爱不仅在书和电影中会发生，在自己的身边也会发生。因为兄弟们之间互相都愿意说。

妈妈这时候也会参与进来一起谈论。这个女孩儿的这点不好，那一点不行之类的。这种话，妈妈和我们兄弟之间毫无隔阂地一起说。

这么想来，这跟当时普通的家庭还是很不一样的。爸爸倒不掺和这些事，爸爸远离这些，只是尽着自己的本分。

又轮到父亲出场了

雅雄哥哥因为生病只能卧床，自己不能自由行动，就变成了一个煽动者，在各种各样的场合，“读读这本书”、“还得好好加油”什么的。战争结束以后，煽动的力度更强了，老是说要堂堂正正地表达自己的意见。这么慢慢地熏陶下，弟弟逸雄对这个三哥佩服得不得了，在高中老师说混话的时候，站出来大吼一声“你做事也太不像个老师的样子”，当着大家揍了老师一顿。

这下可闯大祸了。当然啦，当着大家的面打老师。这时候，又轮到爸爸出场了。爸爸到学校去讲理：这正是所谓的正当防卫。也就是说，教官用语言来实施暴力，学生只能用身体的暴力来回应。爸爸的逻辑是这样的。

这以后，在我们家，“正当防卫”这个词儿开始流行，一有点儿什么，人们就开玩笑：“这可是正当防卫呀。”爸爸出面后，逸雄倒没为这件事受到什么处罚。

话说到体育运动或者需要活动身体的事情，我可是实在不拿手。兄弟六个人当中，只有我不怎么有运动神经，运动项目都很弱。别的兄弟都特行，其中最厉害的当属雅雄哥哥了，那简直就是运动会之星。那时候运动会的压轴戏流行班级之间的对抗接力，雅雄哥哥立马就成明星，快得不得了。我们不知道去过多少次给他加油。实在是太帅了，关键时刻的最后一棒，冲出来，一下子就超过去，把别人都甩到后边。

在我和雅雄中间还有迪雄，这个哥哥也挺不错的。没雅雄哥哥那么厉害，但也在二流水平上，什么事情都做得不错。只有我，基本上属于什么都不行。

最好笑的是，小学校的运动会，一等奖是黄色的绸带，二等奖是蓝色的，三等奖是红色的。哥哥们都有绸带，只有我总是空着手回来。三等都没得过。

到了小学六年级最后的运动会，想着再不拿个什么实在太丢人了，就拼命地跑。途中，跑到第四名，心想我再超过一个人就能得奖了。跑着跑着，第二名把跑道搞错了，第三名跟着第二名也跑错了。我跑着正确的跑道，结果得了第二。这么着，我有了一根蓝色的绸带。拿回家去，一家人都嘲笑："你居然能得第二啊"、"实在是不简单啊"什么的。

前边也说过，兄弟们一起玩儿，大的都会让着小的，定一些对小的有利的规则。这时候，只有我的规则跟其他人还要不大一样。现在想想，我这人是相当的不灵巧。

前一阵子，跟哥哥在一起大笑了一通。我说起，"最近年纪大了，有的时候上楼梯不当心会绊倒，摔下来。"哥哥说，"跟年龄没关系，你还是个小孩儿的时候就这样，用不着担心你的年纪"。

在篠山，说笨手笨脚时用"愚"这个词儿。记得当时哥哥说："你说什么呀，你还是个小孩的时候就好愚。"我想想："对的，是这样。"大家一通大笑。

就这样，上小学的时候，我一直心里烦恼：是不是只有我一个不是这个家里的孩子？我长得跟别的兄弟也不大一样，没有运动神经，而且别的兄弟刚出生的时候就有照片，只有我没有。上幼儿园之前，我是没照片的，这也好让人生疑。

而且，就是喜欢看书，逻辑性地发言的也只有我一个人。别的兄弟们都喜欢在外边玩儿，只有我不像是这个家的孩子。那时候，真的苦恼了好一阵子。

把这些都逻辑性地想一想，就感觉爸爸好像只对我一个人比较冷淡。脑子里老缠着这种想法，等到爸爸冒着危险到姬路高等学校去问我为什么会落选时，心里那个高兴啊，别提了。

矛盾的爱国少年

接着情形急转直下,进入了非常黑暗的时代。上边的两个哥哥感受到大正时代民主的余韵,把这些传递给了我们这些下边的兄弟,度过了快乐的青春时期。然后就迅速地进入战争状态,什么都失去了色彩。

只是,跟故事及逻辑性一样,我在什么场合都能想得开。我有着直白、坦率的一面,是一个热心的爱国者,所以总有一种为了国家必须好好效力的思想。但另一面,心里又觉得好多事情那么不靠谱。

最让人感觉到这一点的是,军队里有些地位很高的人来演讲,说些什么“看看世界的历史就能明白,凡是侵略别人的人,最终都会失败,所以大家要好好努力”。

听着这话,我就想:“最初侵略中国的不就是日本吗?现在日本不就正走这条路,这条通向失败的路。最后绝对会败的,毫无疑问。”

终于忍不住了,把这想法说给雅雄哥哥了。那时候很流行“必胜的信念”这个词儿,我跟哥哥说:“可惜我真的没有什么必胜的信念。”说了刚才那些想法以后,还跟哥哥说:“从历史上来看,日本也已经走上了必败之路。”记得雅雄哥哥脸色都变了:“这话绝对不能说,不能跟任何人说,连跟爸爸妈妈都不要说。”倒是没说我的想法正确还是不正确。

所以，我一面是一个纯真的爱国少年，一面又因为逻辑性的思考而觉得事情都很奇怪，处于非常矛盾的状态之中。我还很讨厌加入军队，对军人的横行霸道非常看不惯。

动员、空袭、原子弹

接着,因为学生动员我到了伊丹当车工,车海军的炮弹。要问一天能车几个,其实我们这些中学生做不来那么多。比起别人,我更笨一些,想着自己真没用。

有一天,班长把我叫去说:"你来干这个。"这个是什么呢? 原来因为战况越来越艰难,已经报废的一些炮弹再拿回来重新车,能利用的尽量利用。班长就把这个活交给我了。记得那时候班长说的一句:"这孩子是个熟练工啊"——自己的想法跟别人的评价差距这么大,让我大吃一惊。印象好深。

因为我是"熟练工",对着这些废品肯定知道该怎么修理,所以把这个任务交给我了。别人对我是这么评价的。而我老是觉得自己这也不行、那也不行。这种模式在人生当中有过好多次,自己觉得不行,可别人的评价还蛮好。

那时候,我在宿舍里看《悲惨世界》,而别人看的书跟我完全不一样。这件事印象也挺深的。我把《怪杰黑头巾》[1]带来给大家看,都是中学三年级的学生,大家高兴得不得了:有这么好看的书!

---

1 《怪杰黑头巾》:高垣眸著,1935 年,讲谈社《少年俱乐部文库》。德川幕府末期戴着黑头巾身份不明的正义武士除恶的故事。被多次改编成电影、电视连续剧。

学生在看什么书，老师们都不知道。而且我看的都是家里原来就有的书。老师更不知道了。

空袭每一天都有。特别是那时候神户的大空袭，因为伯父的家在那里，第二天就跑去看他们。一片烧光的原野，只有些孤零零的小库房还留着。因为小时候有这种印象，所以这次神户的大震灾后反倒觉得这么严重的灾难之后，建筑物居然还都好好站着。这超出预想的情形，实在让我有点儿吃惊。

我在伊丹没有直接遭到空袭，即使这样，还是一遍又一遍地看到烧夷弹落到神户、大阪，一片火海的情景。

这是中学三四年级的事情。中学四年就毕业了，进了神户工专，接着战争就结束了。直到那时候，雅雄哥哥还在生病，所以回到家就跟哥哥聊天。从这个哥哥那里接收到不少信息啊、读书的知识啊什么的。

那时候强调“立志于科学的心”，哥哥看了不少关于理论物理的书。原子弹落下来的时候，哥哥说了“这下彻底完了”、“这根本就是完全不一样的炸弹”、“连这个都能做出来了”。不记得哥哥当时用的是不是“原子弹”这个词儿，意思是挨了“特殊的炸弹”。而且我觉得实在可疑的是，这个炸弹炸死了皇族的人。通常，都告诉我们皇族的人是绝对不会死的。

我在中学四年级的时候被强行毕业进了神户工专，住进了学生宿舍。可惜就在这眼前，中学四年级快要结束的时候得了肺浸润,医生说需要两个月静养,于是回到家里躺着。哥哥那时候也躺着,我呢,就躺在他旁边。战争结束的那段时间,我们聊了好多好多。

不过这件事还是有些值得怀疑的地方。后来听人传说,医生看着我太可怜了才下了个“肺浸润”的诊断。到现在也没看到过肺上留下来什么痕迹,没准儿医生是出于同情才给我加了个病的名字。我前边也说过,一个纯真的爱国少年,没什么吃的,还一天到晚拼死命地工作,瘦得没有人形了,医生大概也实在看不下去了。

战败时

到底是工专，校舍被烧毁了，还是尽可能在宿舍里上课。等医生说我肺浸润已经没问题了，赶到学校去大家已经学了不少。为了追上进度也吃了些苦头。

都上些什么课呢？主要还是电气方面的，数学也学。

有意思的是，虽说进了神户工专，但工厂都疏散了，神户工专也要到疏散地去。就这样，我反倒每天能从家里去上学了，学校在丹波的篠山再往山里去一些的地方。回到家不久，战争就结束了。因此，战争结束前后的事情记得很清楚。

战争要结束的时候，已经没什么吃的了，所以兄弟们经常到河里去钓鱼。钓了不少鱼。那一天，也是去钓鱼了。雅雄哥哥生病不能到河里去，但是他什么都知道，“现在就去抓”、“到什么什么地方去钓”等等，按着雅雄哥哥的指令我们抓了不少鱼回来[1]。接着听说有很重要的广播，我们想着大概又是让大家努力奋斗什么的。

那时候没有多少人家里有收音机，左邻右舍好多人到我家里来。雅雄、迪雄、我都在。当然父母也都在场，还有

1　河合雅雄少年时期一直活跃在家乡的大自然当中，对篠山川各种鱼的生息分布情况了如指掌（参见其著书《少年动物志》），因此可以在病床上指挥其他兄弟到什么地方去抓鱼。

近邻的人们。这可是个稀里糊涂的广播,其中有“到了不得不接受《波茨坦宣言》的境地”,我们兄弟三人都知道战争失败了,一种说不出来的感受。

那时候,记得好清楚的是,一知道“战败了”,马上想到的就是二哥不用死可以回来了。因为二哥到战场上去了。那一瞬间,我赶紧把自己的这一闪念压下去:应该为国家多考虑的时候,怎么把这种私情带了出来?爱国少年,居然先想到的是自己的哥哥。

广播结束了,其实好多人并没有听懂。还想着要继续战斗下去,三三两两地回自己家了。只有我们兄弟三人知道战败了。邻组的一个有身份的人把广播内容都仔细地记录在本子上,我们想着这个人肯定听懂了。结果要走的时候,他开始激励大家:“好好干,继续战斗。”原来什么都没听懂。

瞄准大学入学考试

过了一阵子,神户工专恢复上课又回到神户去了。一到神户,就能看到神户工专遭过空袭,校舍全部烧光了。但这对我来说也有幸运的一面:没地方做我讨厌的实验了。全是理论,理论对我来说就太容易了。结果,虽说是电气科班出身,真没怎么实习过。哥哥们也没少嘲笑说:哎,你不知道保险丝怎么换吧?

我在神户工专的时候,很迷茫了一阵子:到底要不要退学重新去考高等学校。如果那时候这么做了,我的人生或许会有很大的变化。只是,篠山的中学不是只有一个大秀才进了高等学校嘛,所以自己如果从神户工专退学,到底能不能进高等学校也不知道,对这个我是很担心的。

谁想到,战争结束后,制度完全改变了,工专的毕业生也可以考大学了。既然这样,想法就变了,工专读出来以后再去考大学好像更好一些。于是虽然还是继续去读工专,但目的是为了考大学。那时候,为这事跟哥哥们没少商量。从此,我一生都被没有上过高等学校的自卑纠缠着。

那年代的高等学校是提高人生修养的地方,人们都读些哲学书什么的。而工专则是培养速战能力的,要确确实实地掌握电气技术的技能。校舍烧没了,没地方做实验,这让我很幸运可以自己找时间复习考大学。要考理学部或者工学部的话,需要准备英语、数学、物理和化学。我就自作主张地把多出来的时间都拿来为考大学而学习了。

那时候有竹内端三[1]写的《微分积分学》。现在还能记得，读这本书自己是从微分学的基础开始学起。其中有一段记述：直线是连续体，因此切断以后，一边有端点，一边没有端点。这到底是怎么一回事儿？其实，说没有端点是不准确的。准确的意思应该是：定义了一边，另一边就不可定义。这个印象很深。就这样，我自己读着工专里不教的内容，准备着大学考试。

英语的考试内容那时候也只有英译日。因为战争，我中学只上到二年级就再没念书，只好拿来中学二年级、三年级、四年级的书，顺序读下去，以备入学考试。所以发音什么的一点也搞不清楚，就是把英语翻译成日语而已。

这样，中学我就没有学过世界历史，日本历史倒是学得差不多。刚开始学东方历史的时候，就发生战争了。在工专的时候，德语老师倒是教了一点点德语。这么看下来，应该在高等学校学的那些基础修养课程，我几乎什么都没学过。进了大学以后“缺乏修养”的自卑感一直纠缠着我。现在依然有着“无修养”的自我认识。

1 竹内端三：1887～1945年，日本著名数学家，东京大学教授。

充满希望的时代到来了

战事正酣时，人们考虑死的问题反倒没有对宗教表现出太多的兴趣，都把它当作哲学问题来思考。仁哥哥因为喜欢哲学，也跟我说过从今多读些哲学的书比较好。第一本就是河合荣治郎[1]的《予学生》，记得是中学生的时候读的。读了真是感慨万千。

读了《予学生》，还有《学生与读书》、《学生与什么什么》等学生丛书。记得按顺序把这些都读过。

不过对宗教的兴趣一点儿都没有显现出来，还是用哲学的方法在思考。"到底还是哲学的问题啊"，这种想法比较强烈。所以那时候就开始看这些书了。不过真正开始读哲学的书是在战后了。可是可是，哲学真是搞不懂。

那个时候，想买西田几多郎[2]的《善的研究》，得到书店去排队。因为身处这样一种时代，也就特别想看看《善的研究》。可是，怎么也看不懂。从一开头就看不懂。

所以，神户工专时代，对哲学既敬而远之，又尽可能地

---

1 河合荣治郎：1891～1944 年，社会政策学家、评论家，东京大学教授。作为自由主义者活跃于社会。1938 年曾经因批判军国主义，著述遭到禁止出版，并被停职。著述有《劳动问题研究》、《社会思想史》、《社会政策原理》等。

2 西田几多郎：1870～1945 年，哲学家，京都大学教授。思辨性地统合了禅的宗教性、生的哲学和康德、黑格尔的哲学思想，建立了独特的西田哲学。昭和十五年获文化勋章。著述有《善的研究》、《无的自觉限定》等。

读了不少大家都看的书。正是这样才读了《窄门》[1]，好感动，兄弟们一起聊了不少。

然后，岩波文库不是有《在海德堡大学》[2]吗？这好像是我们家的固定节目，大家都比较浪漫吧。直到现在，兄弟们聚在一起，大哥哥还会唱《在海德堡大学》里的歌，"来呀，请到我家里来……"战争结束后，新的自由氛围非常浓厚。

在学校外边，很多事情也在急剧地变化。那都是充满了希望的，不断地有新生事物出现。比较让我高兴的是，逻辑性的思考也得到了承认，也可以公开地说给别人听了。

那时候有一种论调叫做"日本是在物质上输给了美国"。都说日本敌不过美国雄厚的物资力量，可精神上并没有败给他们。我对这种论调实在是忿忿不平。日本就是在精神上战败了，败给了美国的合理精神，说"在物质上战败"绝对是大错特错。那时候就想着怎么能在自然科学的领域奋斗，为了日本这个国家。

在神户工专时的大事，可能就是第一次现场听到了真正的古典音乐。那时候有个朋友对这些很精通，叫我一起去。晚上值一整夜警卫，可以得到50元，用这50元去听了一场歌剧。这样，听到了藤原歌剧团的《卡门》。这也是让

1 《窄门》(*La Porte etroite*)：小说，法国纪德著，1909年。描写了献身于神而放弃爱的埃丽萨的悲剧，提到了禁欲的信仰和生的矛盾问题。

2 《在海德堡大学》：剧本，德国迈尔·菲尔斯特尔作，1901年。感伤地描写了卡尔·海因里希王子在海德堡大学的生活及恋爱。

人难忘的一次经历，太令人惊叹了。藤原义江[1]演何塞，日本人在唱歌剧，这件事本身就让人激动。

那是在大阪的朝日会馆演的。说起来，50 元也有点儿太贵。可是值一晚上夜班不就行了。而且，值夜班的家伙们真有不少有意思的人，一晚上大家起劲儿地聊聊天就成了。芭蕾《天鹅湖》什么的真是让我感动得要死。

然后又去听了朝比奈隆[2]指挥的关西交响乐团[3]演出。那场演出最后回应观众的要求，演奏了勃拉姆斯的《匈牙利舞曲》第六号。听了太让人感动，一下子就记住了旋律。

在听关西交响乐团过程中，我开始对双簧管发生兴趣，那个声音实在是太吸引人了。心想，我一定要吹这个。后来进了京都大学，其实想吹的还是双簧管，不过有一个吹长笛的朋友，经常借给我，我也就拿着练习吹一吹。

不管怎么说，看见什么都很新鲜，什么都能够接受下来。这也是我幸运的地方。就是一直不停地在感动，刚想

1　藤原义江：1898～1976 年，日本代表性的歌剧歌手、声乐家（男高音）。藤原歌剧团的创始人。

2　朝比奈隆：1908～2001 年，日本著名指挥家。为师事当时京都大学交响乐团的俄国指挥家，考入京都大学法学部，1931 年毕业。在学期间一直参加京都大学交响乐团。后创立了日本代表乐团之一的关西交响乐团（大阪爱乐交响乐团母体）。曾获紫绶褒奖、文化功劳者称号、文化勋章等。

3　关西交响乐团：1947 年由朝比奈隆及铃木刚等关西经济界人士创立，以大阪为演奏的根据地。1960 年改名为大阪爱乐交响乐团。朝比奈隆时代以演奏布鲁克纳、贝多芬的交响曲逐渐在全国知名，成为日本代表性的交响乐团。据称为日本出版唱片、CD 最多的乐团。

着再没有比这更让人感动的了,天外有天,又发现了更让人感动的东西。

听 NHK 交响乐团的演奏,还是进了京都大学以后的事情,这又是一场感动啊。后来到了洛杉矶,再听他们的演奏,又是感动。就这样,接连不断地、不加过滤地、纯真地感动着,实在让我的人生受益不浅。

工专时代的学友

在工专时代，有两个好朋友。一个名字很有意思，叫花坂，简直就像是《开花爷爷》[1]，另一个叫井上。这个花坂和雄和井上隆(后改名为岩田隆)对音乐比较了解，老帮我买票，三个人经常一起活动。这个花坂特别喜欢《我是猫》。

井上特别喜欢音乐，经常一起去看电影。这人对美的感觉非常敏锐，看见美好的东西就会感动。而我，比较喜欢的是故事，比如说看了《巴黎屋檐下》，觉得也就那么回事儿，可井上会感动得不得了。故事情节有意思的，我就会特别特别喜欢。碰到这种情况，我就老是觉得自己太没有美感了。因为井上进了京都大学的农学部，进大学以后还经常一起活动，所以这个电影没准是在大学的时候一起看的。

科克托[2]的《美女与野兽》啦、奥森·韦尔斯[3]主演的《简·爱》啦，都是我特别喜欢的。值夜班的时候大家一起讨论。我只关心故事情节的发展，那个主人公为什么不结婚啦、这时候要是能做得再巧妙一些多好啊之类的。可是，

1　花坂：日语发音为 Hanasaka，开花爷爷发音为 Hanasakajisan。《开花爷爷》是以善良的爷爷、奶奶为主角的劝善惩恶的民间故事。

2　科克托(Jean Cocteau)：法国诗人、小说家、剧作家。著有剧本《埃菲尔铁塔上的新娘新郎》，小说《调皮捣蛋的孩子》，电影剧本《美女与野兽》、《奥尔菲》等。

3　奥森·韦尔斯(Orson Welles)：美国电影演员、导演。执导兼主演《公民凯恩》、《奥赛罗》、《福斯塔夫》，出演《第三个男人》等。

大家的话题都是这个太有美感啦,那个看问题的视点不好啦等等。话题一变成这样,对这种艺术谈论,我就怎么都跟不上了。在大家热烈的艺术谈论的过程中,我只能闷声不响。这也让我觉得自己真是不行。

比如说,说到小说什么的,谈论的内容会变成"夏目漱石什么的,真的不行","还是自然主义的小说才是正宗"什么的。

大家都说漱石是伪小说家,真正的文学不应该是那样的。可我真听不明白,我实在是太喜欢夏目漱石了。我把它当故事读,一边读着一边想主人公怎么做才能更幸福。

那时候,很流行坂口安吾[1],但在我们一伙中根本就不能进入话题。大家都只对正统的也就是说日本文学的主流表示敬意。我觉得好没劲。

关于音乐,花坂和井上都特热衷于听,一点没有自己演奏的念头。花坂主攻音响设备,我的收音机都是他做的,很便宜的。成天听,慢慢地也开始喜欢音乐了。后来花坂还做了放唱片的机子。

---

1 坂口安吾:1906 ~1955 年,小说家。以《风博士》等滑稽文风闻名。二战后,反抗本土的形式道德,主张"堕落论"。著述有《白痴》、《日本文化私观》等。

决定进京大数学系的理由

在我自己内心，工专时代最挂心的还是能不能考取大学，一心不乱地只想好好准备考试。花坂和井上也是准备进大学的，跟其他准备当电气技师的人拉开了一些距离。井上后来也进了大学，花坂因为家里的情况放弃考大学当了高中的老师。话题跳跃了，这两个人就是我在《青春的梦想和玩乐》（1994 年，岩波书店）书里，最后的梦中出场的 I 和 H。

我当时进的电气科，满脑子其实都是想进大学，而且想进京都大学。学科怎么着都行。

大哥哥问我："你到底想去哪里？"我就到处查了一下，当时矿山学科最容易进，就说："还是去学矿山吧。"记得哥哥教育我："你是不是把进京大当成目标了？进不进京大都没关系，你得好好想想自己到底想干什么？选学校要看自己喜欢什么，别的学校也行，阪大（大阪大学）也行。"可是，真要说心里话，其实矿山也罢、其他的什么也罢，我就是想进京大。

结果因为自己数学很好，就去考了京大的数学科，同时还去考了东京工业大学的电气学科。

去考东京工大的时候，有个篠山中学毕业生的宿舍一样的地方，我就住在那里，然后去考试。谁知道，住的房间里有一套吉川英治[1]的《宫本武藏》[2],拿起来一看,实在是太有趣了,怎么也放不下来。几乎读了个通宵,考试自然就一塌糊涂。结果居然是东京工大落选,而京都大学的数学科考上了。

所以说,数学并不是最初的志愿,不是还想过进矿山学科的嘛。学习的过程中渐渐明白了自己不太适合进工科。当初选了神户工专的电气科,也是因为不需要制图。制图实在是太让人倒胃口了,电气科不需要干这个。这样,得出的结论就是进不需要做实验的理学部。这么着,结论只能是数学,那么就是数学啦。这么看下来,根本就是什么都没搞明白的选择。只有两点,一是要进京大,二是不适合学工科,这两点是渐渐明朗起来的。数学在神户工专倒是学的,那就进数学科吧。京大居然也就这么考进去了。当时觉得,就算进大学的动机不纯,进去了总归会有办法的。其实,后来吃了不少苦头。

---

1 吉川英治:1892~1962 年,日本小说家。《鸣门秘帖》获大众认可后,1935~1939 年在《朝日新闻》连载的《宫本武藏》得到了广大读者的认可,被称为"国民文学作家"。著书有《三国志》、《新平家物语》及《私本太平记》等。

2 《宫本武藏》:描写日本剑道天二一流的鼻祖、剑豪宫本武藏的成长,成为大众小说的代表作。宫本武藏追求剑禅如一的求道者形象,对大众影响广泛。

第二章

自由和混乱

——当教师，然后开始领悟心理学

从自卑感起步

1948年（昭和二十三年）我进了京大的数学系。进了大学以后跟工专最不一样的就是，到底是京大，完全的自由。自由不过是现在的说法，用关西话说，那就是彻底地扔一边儿没人管，随你自生自灭。所以，一头雾水，真搞不明白该做什么，怎么做？我是从工专考进来的，大多数人是读过高等学校的。在这儿有一条明白的升学路线：从三高进京大。所以，我背着沉重的自卑。

加上，对数学，也搞不明白是怎么回事儿。当然了，能进来，说明自己数学还是蛮好的，因为数学好才选的这里。可是，进来一看，一切都不是想的那样，全变样了，完全是纯粹的数学！而且从纯粹数学的基础开始学起，所有的课都听不懂。真的。

有演习课，老师出题，我们上去在黑板上解题。后来才知道，有些有名的题目，从高等学校来的人从高年级的学长那儿听说过，所以基本上都知道，还有人连答案都知道。然后就到前边去解题。看上去只有我不明白，别人都懂。

还有，就是数学系的特点，学生之间互不交谈。有些人听不懂也笑容满面，搞得我更是摸不清方向。有一次记得好清楚，我上台去解一道题。那道题我真是花了大功夫去想，在台上拼了命的去解。因为我是自己想的，所以跟普通的解法不一样，几乎快要解出来了，老师还是不明白我怎么做的。费了半天力气解释,还是说我错了。一下子我觉得:完了,我真是不行。

这种时候都是讲师来教演习课的,有一次不知为什么事情碰到一起,老师问我“河合君,你是从三高来的吧”。后来想想,没准儿老师是觉得我还蛮有意思,虽说题没解出来,但用跟通常完全不同的思考方式在做,还是有自己的头脑的。可当时那场面,我就觉得老师在讽刺我:不是三高出来的才会做这种蠢事儿,老师肯定是这么想的。这又让我觉得自己不行。真的,简直就浑身上下都是自卑感。

现在回头想想也是好事情,在大学一年级的时候就完全打消了要去做一个数学家的念头。

如果我走了一条三高进京大的路线,在这条路上没准儿一辈子就成为一个三流数学家了。可实际情况却是这副样子,数学家?想也不要想了。就像漱石的《三四郎》[1],真的陷入困境了,与次郎就出现了。特能体会到那种感觉。

不过,就这么扭曲着自己还是坚持着一直没有脱离学籍。现在回头再想想,当时可能一大半的同学都觉得自己不行的。老师其实也是这么想的:一帮学生进来,里边偶尔可能会冒出来一两个能行的,剩下的都不是材料。只是,谁

1 《三四郎》:夏目漱石著。主人公小川三四郎为了进东京大学从故乡九州来到东京,受到现代文明和现代女性的冲击,不知所措的窘态。与次郎为三四郎在大学里结识的朋友。

都不跟别人说这些。我这人比较喜欢跟人扎堆儿,交谈得多了,慢慢就开始明白形势如何了,可第一年真是难熬。

同年级的同学有25个人,可能只有我知道所有同学的名字。大家都是飘然而来、飘然而去,还有人从头到尾根本不跟任何人说一句话。有人好奇:那个人回到家里都干什么呢?就有人开玩笑:他一回家肯定在粘火柴盒子挣钱。那也是很难忘记的经历呢。

因为觉得自己怎么这么搞不懂数学,所以就想从头好好学一下,我开始读起数学的历史。谁知这么一读,更让人绝望:里边出现的人都是些绝世天才!这种数学家干的事情跟我们想的根本不是一个等量级的。“啊!居然有这样的天才!”想着就这么样子下去肯定不行,那一整年简直抑郁透顶了。

办“河合学堂”买长笛

再有忘不了的就是加入了京大交响乐团[1]的这件事。本想着不过是大家在一起热闹而已吧，到练习场一看，居然在练习贝多芬《第二交响乐》的第二乐章。大学生在搞贝多芬，实在让人吃惊。这么让人感动的事情怎么能忘记呢，实在太帅了。那时候的指挥是长广敏雄[2]，就是那个敦煌研究很有名的。

前边也提过一次，我其实是想吹双簧管的。一般双簧管这种乐器都是接着用学长留下来的，可那时候有个吹得非常好的学长，怎么着也不肯出让。自己想买因为没钱也买不成。所以，事情就变成了：算了，吹吹长笛吧。长笛能买到二手的，给别人做数学的家教挣了钱，三千块钱买了

---

1 京大交响乐团：1916 年由京都大学医学部学生深濑周一奔波，以“推进学生交响乐运动、开展音乐启蒙活动、成立市民交响乐团”为口号，以“将京都建成音乐艺术的麦加”为目标而成立。在职业交响乐团的数量还很少、交响乐在日本刚刚普及的年代，京都大学交响乐团通过每年两次的定期演奏会得到了长足的发展。具有在日本首次演奏柴可夫斯基的《天鹅湖》、《悲怆》；贝多芬的《科里奥兰序曲》、《第二交响乐》；拉威尔的《孔雀舞曲》，以及在关西地区首次演奏贝多芬《第九交响曲》的辉煌历史。产生过朝比奈隆等多位著名音乐家，在关西地区交响乐界起到了中心作用。战后，除了每年的定期演奏外，还举行夏季巡回演奏会、联合演奏会、五年一次的东京演奏会等。曲目由初期偏向德国派发展得更为多样化。

2 长广敏雄：1905～1990 年，昭和时代的美术史作者。京都大学毕业后，进入东方文化京都研究所，调查研究中国北部的石窟，1950 年任京都大学教授。与水野清一共著《云冈石窟》，著述有《响堂山石窟》、《飞天的艺术》等。

一个。

这种时候，少不了雅雄哥哥的活跃。雅雄哥哥说了：你既然教，那就放暑假的时候好好教。暑假就在篠山我的家里开了教数学的补习班。这才是“河合塾”的老祖宗呢[1]。雅雄哥哥没准儿到高中去发过传单，一下子篠山凤鸣高中的学生来了十来个人。

到底是怎么弄来的也记不清楚了，从什么地方借来了长长的矮桌。不管怎么样，反正靠着自己家里的正宗“河合塾”，可挣了不少钱啊。那年从凤鸣高中居然有五个人考上了京大，一般每年也就能考进去一个人吧。而且，那帮来的孩子都很有个性，挺来劲的。

那时候教过的一个学生，京大 100 周年纪念日的时候见到了。成了建筑公司大林组的高层人物，说好怀念那段时光。

就这样，挣了钱，花了三千元买了长笛。京大交响乐团的指挥叫山田忠男（前边说的长广是特殊情况，说好只做一年的），我们平常叫他为“山忠”，我就到山田指挥那里去学长笛了。实在让人兴奋，所以天天拼命地练习。

---

1 河合塾：日本有名的业余教育机构。与河合先生无关，此处仅借表诙谐。

雅雄哥哥，进京大动物学系

说实话，那时候我还不大搞得懂大学的氛围、大学的研究什么的究竟是怎么回事儿。说白了，在数学系，老师一开始就没把学生看在眼里：总归都不会有出息的。

我进大学后的第二年，雅雄哥哥也进京大了。因为生结核病耽误了几年时间。所以，从第二年起，我的大学生活因为哥哥的影响完全变了个样子。哥哥进的是动物学系，好让人羡慕的是，动物学系哪怕是一年级的学生，都在研究室里有自己的一张桌子和椅子。从一开始就被当作是研究者，大家都可以自由地交谈。

也就是那时候，梅棹忠夫[1]自荐为教授的候选人。雅雄哥哥兴奋得不得了，跑回来跟我说："哎，你知道不？有个家伙实在太厉害了！"我问："谁呀？"哥哥说一个叫梅棹的大学院生[2]居然自荐当教授！动物学系真是民主的气氛太浓厚了。

那边有一种气氛，从一年级的学生开始就被当作一个研究者。这边的数学系就在紧邻，老师们的态度却是你们

1　梅棹忠夫：1920～2010 年。日本生态学者、民族学者，日本国立民族学博物馆初代馆长、名誉教授，京都大学名誉教授。日本文化人类学的开拓者，建立了独特的梅棹文明学说，对社会多方面产生巨大影响。为京大今西锦司门下的弟子，从生态学出发，经过动物社会学将研究的中心转向了民族学和比较文明论。受奖、著述众多。

2　大学院生：相当于中国的研究生，分硕士课程和博士后期课程。

这些人不会有什么出息的，所以连毕业论文都不要求写。骨子里就认为没有谁能写得出毕业论文，把课堂上教过的内容好好搞搞清楚就行了。数学专业是没有毕业论文的。

毕业考试也没有，只要把课上完，普普通通地把学分修够就行了。所以，考上数学专业的学生进了大学，没人跟你说搞搞研究吧。表面上看上去老师是这副样子，可他们真有本事能慧眼发现好苗子。一旦冒出人才，马上就会被发现，都会给留在研究室里。不过，也就是那么一两个人吧，剩下的，大家七零八落地散伙。

动物学系跟数学系简直天壤之别。哥哥那时候经常说，宫地传三郎[1]先生总是讲“大家能进京大，没有一个是笨的”，所以不管怎么不行的学生，都会非常非常耐心地去教，这样，学生们都能进步。

大家都知道了吧，生态学系是多么厉害。而我自己这里呢，却是这副腔调……不过即使这样，也出了广中平祐[2]这样的人物，不能简单地说数学系就不好。那段日子就是这样。

1　宫地传三郎：1901～1988年，日本动物生态学者，京都大学名誉教授。主要致力于栖息于湖沼、河川等淡水域的水栖动物的生物形态和底生生物群的研究。通过生物指标对湖沼进行分类。

2　广中平祐：1931～　，日本数学家，日本人中第二位菲尔茨奖获得者。主攻代数几何学。

别漏掉老师的自言自语，才能对付考试

就是那时候，汤川秀树[1]从美国回来了，开了量子力学的课。我也去听了，因为还很少有人开这样的课。还有就是荒胜文策[2]先生的物理学通论，因为是通论，我也听得懂，课上得特别有趣。天文学好像是宫本正太郎[3]，一边上课一边抽烟，大家桌子上都摆着烟灰缸，跟学生说：你们要想抽烟也可以抽。课堂就是这种气氛。

而数学系的老师和学生好像一直隔绝着。实在太过分了，我们这些好事儿的就凑在一起，商量着把老师请出来，准备些茶啊、点心什么的，跟老师好好谈一谈。结果被老师一句话就给灭了：这么无聊的事情，就不要浪费时间了吧。搞得这事儿还没开张呢就拉倒了。

就这样，跟数学系的老师毫无个人关联，只是在教室里有接触。比如说，对秋月康夫[4]先生，印象特别深。他讲义

1　汤川秀树：1907～1981年，日本物理学家，在核力的理论基础上预言了介子的存在，因而于1949年获诺贝尔物理学奖，是第一位获得诺贝尔奖金的日本人。京都大学教授，京都大学、大阪大学名誉教授。1943年获文化勋章。

2　荒胜文策：1890～1973年，日本代表性的原子核物理学家，京都大学名誉教授。

3　宫本正太郎：1912～1992年，天文学家，以开拓行星气象学著名。京都大学教授。

4　秋月康夫：1902～1984年，日本著名数学家，毕业于京都大学，京都大学教授。主攻代数几何学，致力于数学教育。

也不拿就来上课。两手空空地来，滔滔不绝地讲，可是写在黑板上的东西大家谁也不懂。

大家都不懂，可是，居然有一个家伙是懂的，真是匪夷所思。

再比如说，有一个叫蟹谷乘养的先生，讲射影几何学。在黑板上一写一大片，然后随手就擦掉，实在是没法儿记笔记。后来我才发现是怎么回事儿，把先生的自言自语也都记下来。简单地说，比如式子是 $\cdots = a + b + c$，嫌写 $a + b + c$ 太烦，就嘴里念叨着"把 b 和 c 先放一边……"，光写个等号，就开始计算 a 了，一点也不在乎。然后再接着嘟囔："现在把 b 放进去……"，a 和 b，剩下都是等号、等号、等号。我们刚开始谁也不知道，只能拼命地抄。回头再看自己的笔记，b 和 c 突然不见了，一下就给搞糊涂了：这怎么还能相等呢？先生嫌烦，不写，我听见先生一嘟囔"把这个先放着……"，就赶紧把先生没写的东西加上去，这样，我的笔记是最受大家欢迎的啦。

到要考试的时候，总得三四个人凑在一起，"这是怎么回事啊"，互相对笔记，才拼得出来比较完整的内容。

最初大家都很困惑：这里为什么没有了呢？花了不少时间，才悟出来老师不过是不耐烦写而已。后来，仔细地把老师的自言自语都记下来，情况就好多了。

跟“女王”结婚是不可能的

有些特别擅长数学的人经常会说“数学独特的美”，确实有这么回事儿。这种美真是很惊心。我曾经花了不少力气学了很多，这一点还是能感觉到的，相当有意思。不过，我依然觉得自己是成不了一个数学家的。

尝到了数学的美妙，对我的思想形态至今还有影响，比如在思考问题的时候等等。表面上看好像跟临床心理学没什么关系，但在看不见的深处还是相通的。

有一种说法，叫做“数学是学问的女王”，我也有这种感觉。我经常开玩笑：“女王的光辉惊鸿一瞥，可女王不是结婚的对象。走进小胡同，才结识了我的糟糠之妻——临床心理学。”所以，直到现在，我还是对从事数学研究的人心怀敬意，那真是不简单。而且有一个特别有趣的现象：数学特别出色，那么日常生活是不是就很富有逻辑性呢？经常又不是这么回事儿。有些思考看上去是用完美的逻辑构成的，可基本的大前提是错误的。这样的人还真不少。

那时候数学专业书很多都是法语原版的，我就到日法学院去学法语。要说我的法语到什么水平呢？因为一直都到日法学院去学，倒是学到了高级水平。法语虽能很轻松地读，不过看的都是数学书，也不能说有什么特别了不起的。

下决心休学

现在想想，我当时基本上没有一种进了大学要好好搞研究的姿态。到底该怎么办，自己也不清楚。而且数学系在理学部属于比较特殊的地方。当然，雅雄哥哥那里又是另一个意义上的特殊地方。

哥哥也有一阵子迷茫的时候。那时候今西锦司[1]先生开创的生态学还得不到普遍的承认，都认为那不是学问。其他的领域已经形成了学术的体系，进这些地方将来当教授的路也可能更畅通一些。不过，哥哥到底还是因为特别喜欢，最终还是决定去搞生态学。对哥哥来说，这倒是很不错的一个选择。

可是，我呢？该怎么办呢？想了很多很多，数学系不行只能放弃了。那么还要进其他学部吗？不管哪个学部，要去考的话，考进去的实力还是有的。不过，看上去好像不管进那个学部，都没办法能够做到真正的一流水平。

实在没方向了，决定休学一年。既然怎么也想不清楚自己该干什么，只好放一放，先休息一年再说。雅雄哥哥也

---

1 今西锦司：1902～1992年，日本著名生态学者、文化人类学者，以日本灵长类研究的创始人闻名，创立京都大学灵长类研究所。对同期及后代的学者具有很强的影响力。本书中提到的伊谷纯一郎和河合隼雄的三哥河合雅雄均为其直接的学生，梅棹忠夫也属于通称的今西学派。京都大学人文科学研究所教授，京都大学名誉教授。登山家。

说："先休息一年，慢慢想想自己将来要走的路，挺好的。"

那时候我真想自己要是得了结核病该多好。啥事儿都没有，白白休息一年，好像说不过去。没想到，这话跟妈妈一说，妈妈马上就明白了：没事儿，慢慢想想自己到底想干什么。可是，该怎么去说服爸爸呢？

前边也说过，我们家爸爸竭尽全力地在尽自己的本分。学生的本分就是学习，一年什么也不干在家里晃荡，怎么跟爸爸说呢？结果，是妈妈和雅雄哥哥两个人给我打气：有我们帮你呢，大胆地说！谁知跟爸爸一说，爸爸简简单单一句："那就休息吧。"什么理由也不需要。

这是大学二年级结束时的事情，一年级、二年级的考试结束后该升三年级的时候。可一旦升到三年级，跟着就该毕业了[1]。也就是说，念完了二年级升三年级之前想休学一年。就这么跟爸爸说了。爸爸又一次让我佩服，凭他的直觉得出判断：这么着，还是休学吧。

我们这些孩子奉给爸爸的绰号叫"直觉断定派"，凭着直觉一下作出断定。而且，从来没有出过乱子。

我这段时候的经历，对以后起了不少作用。那时候的我就像现在说的"毫无生气的学生"，也就是说不知道自己的发展方向，不知道自己该干什么。

1 日本战前旧的教育制度，大学的基础学科教育实际上从前文所述的高等学校就开始了，进大学以后的学制为三年。

当高中老师的话，必定是超一流的

就这样，在家里晃荡了一年。这一年中，自己又花了死力气把数学重新学了一遍，想看看自己到底能做到什么程度。精心地把射影几何学等又念了一遍。怎么说呢，一定程度还是可以的，不过，还不能说自己就是一块当学者的料。

跟哥哥也谈了不少。进了京大，总能碰得上那种做学问的拼命三郎。但我们两个都不是，都不是那种做学问的拼命三郎。所以，不管走到哪儿，都能当上个二流人物，不过肯定做不出绝对出色的东西。要做些真正有意义的事情，到底该干什么呢？思考了很久，我选择了做高中老师。

当高中老师的话，我绝对能够做到超一流水平。我喜欢教书，实际上也做过“河合塾”。那个“河合塾”每年都很成功，连我的弟弟，我也在“河合塾”里教他。特别喜欢教书，也喜欢教育，所以，想去当高中的老师。

但我最担心的一点，看着周围的高中老师，很多人不断地堕落下去。能想到这点，也是我这个人的特点，一旦要做什么事情的时候，总会想得很远很远。不这么想的话，就提不起劲来。

这么想下来，现在是很喜欢教书，比起当学者来，高中老师要有意思得多。但再往前看，好像老师中堕落下去的人不少，对教育的热情慢慢也会凉下来。要是自己也变成那样,就太没出息了。想起我在中学时的一位老师,这个老师也教过哥哥们。那时候已经是战后的新学制了,战前的凤鸣中学变成了凤鸣高中。那个老师的名字我现在还记得,是教国文的小岛正敏,从东京大学毕业的。在篠山真是非常少见这样的老师,上课特别有意思,自有一种风格。如果是当这样的老师,我还真想试一试。这样,就专门到老师家去了一趟。

跟老师说:"我打算当高中老师,可是看看很多老师的样子,真让人无法效仿。可如果能像老师一样的话,那倒很值得去做的。老师为什么能做到这样?"小岛老师说了:"教初中或是高中的人,因为总是在重复同样的东西,这样自己慢慢就开始原地踏步了。不管怎么说,不进步的人是没有魅力的。我呢,一直在研究本国文学。这些从学界来看,也可能算不上什么了不起的学术成果,但还是按照自己的想法一直在持续研究着。我并没有跟中学生、高中生们说我一直在进步,可是,大家肯定都有感觉。所以,也不必拘泥于数学,只要自己明确地有着不断进步的东西,当高中老师也挺不错的。"

有了老师这一番话,我在想,自己已经知道在数学上是不大可能有什么大出息了,那么,研究孩子们的心理,也就是说心理学,肯定是很有必要的。当然,我自己对人的心灵本来就很有兴趣,加上兄弟们都很有个性,每个人都不一样,互相之间经常会谈论你的性格如何如何的,所以对人的

“心灵”有着强烈的好奇心。那个时候，我还不知道当时的心理学主流还是所谓的实验心理学，认为只要学好了心理学就行。在休学的这段时间里，已经基本上决定一边学着心理学，一辈子当高中老师了。

在思考这些问题的时候，雅雄哥哥永远是无可替代的，总是我的谈论伙伴儿。上大学时到休学那年为止，两个人住在六张榻榻米的一间房间里，几乎每天晚上都在说话，说啊、说啊、说啊，结论都会归结到还是认真念书好，到底是学生嘛。但是，“今天已经夜里两点了，先睡吧”。每个晚上都这样。当然哥哥的生态学，本身也用不着平常人们既成观念中的那种“学习”。

京大交响乐团的花絮

交响乐团那边倒是铆足了劲。我很平庸的,可京大的交响乐团有着那么辉煌的历史,厉害的人那真是厉害。比如说,当时有一个拉大提琴的叫岛的人,这个人后来马上就进了关西交响乐团。从京大交响乐团进关西交响乐团的人还真不在少数。在这一帮人当中,我这个笨笨的进来了,立马浑身上下又都变成了自卑。就算这样,这个位置缺人,还得让我出场。所以,每天简直就是拼命地在练。

我最初参加演奏的是门德尔松的交响曲《意大利》,那里边的长笛真是很难。所以有了心灵创伤,一段时间都没法儿听这首曲子,听到就胸口疼。那时候演奏过门德尔松的《意大利》、布鲁赫[1]的《小提琴协奏曲》,还有不大听说的叫格雷特里的人的组曲等等。

而且,在京大的交响乐团里,有关音乐,无所不知的人一大堆。"那个是怎么回事儿、这个没什么了不起的",这样高谈阔论的人到处都是。可我不知道这些啊,就找了好多有关音乐的书看,音乐的历史等等,看了不少。

交响乐团的最高位置称为总务。在我休学的前一年吧,居然大家提议我来当总务。

1　布鲁赫:1838～1920年,德国作曲家、指挥家。以丰富和声及对位法的大合唱作品著名,作品有合唱曲《美丽的海伦》、《小提琴协奏曲》等。

这是因为乐团有了一种危机感,当时为了维持乐团的水平,会有已经毕业的学长来演奏。学长来演奏,在校学生的水平就得不到提高,结果乐团像是变成了毕业生的乐团。所以,大家认识到,即便水平有差距,还是应该完全由在校生来演奏,这才是大学交响乐团应有的姿态。在这种思潮中,就要推举我当总务。

我当时认为大家在使坏,现在想想其实不是这么回事儿。那时候总觉得让我这个最笨的人做总务还不是想拿我给大家当笑料,气愤得不得了:我才不要干呢！记得就这么拒绝了。

这样的事情,以后也还有过不少。大家推举我做什么,我老是觉得自己不行。“干什么？拿我玩儿啊?”总是从反面去理解。

这当中,记得最清楚的还是这个乐团总务的事件。最后一年,水平上去了,乐团生活也变得比较轻松愉快了,但到底没有出色到什么程度。

演奏旅行也时不时地会有。还有,就是京大的交响乐团的人际关系很日本式,学长啊、学弟啊、大家交往的方式啦。这一类事情,我还是很讨厌的。有这个因素在里边,跟大家还是保持了一定的距离。表面上乐呵呵的,实际上并没有深层参与。做不到。

比如说,真要是当了总务,自己马上就会被编织进学长、学弟的关系网中。所以还是努力保持一定的距离,尽量地离远一点、离远一点。音乐本身不很出色,加上不习惯这样的人与人的关系,我一直处于一种略微游离的状态。所以,曾经是京大交响乐团的一员这件事,跟自己的人格形成好像也没什么大关系。

没人理你，反倒是好事

不管怎么说，我心目中的京大的形象还是很高大的。看自己，总觉得数学也不好、音乐也不行，劣等生的感觉很强烈。

所以，能认同自己是一个京大的毕业生，还是过了很久以后的事情。事后再想想，当时没人管你，还真是一件好事情。自由程度简直就是让人吃惊，那种把学生扔在一边不管的传统，现在不是还在延续吗？到我当了京大教授以后的时代也还是这样：虽然不指导你，但是要评判你。

不管干什么，都没人训斥你。跟先生说不一样的话，做不一样的事，谁都不在乎。这一点，哥哥加入的集团也是这样，而且跟一般日本式的集团还不大一样，会互相激烈地论战。

大学时代还有一件重要的事情，就是读不懂哲学书。倒是想读的，只可惜读不懂。现在还记得，开始读《善的研究》，无法理解。那时候还有桑木严翼[1]的《哲学概论》，心想，不读这个也太没修养了，也读了一些。可中途不得不放弃了，想着自己还是读不来这些的。

1　桑木严翼：1874～1946年，日本哲学家。1906年任京都帝国大学教授，1914年任东京帝国大学教授，专业领域为康德。1925年帝国学士会员，1946年贵族院议员。

比如说,西田哲学毫不介意的到处都会出现没定义过的名词儿,一下子就让人绝望了。我一直认为哲学是以逻辑化构筑起来的学问,可没想到跟数学的构筑方式真是大不相同。上来就绊个跟斗。到现在还是心存疑惑。

宫泽贤治[1]和电影

那一段时间,不仅仅是哲学,还读了不少数学以外的书。

首先,在大学一年级的时候知道了宫泽贤治。我的一个朋友是三高升上来的,叫林博男。这个人的爸爸虽说很早去世了,却是三高的教授。林博男跟我完全不一样,是那种修养很丰富的人。一次我问他:"有没有什么有意思的书?"他说:"有一本特有意思的,借给你看吧。"这是一本宫泽贤治的童话和诗集。读了这个,真是好感动。家里边的人都开始喜欢上了。在家里一有点什么,人们就把宫泽贤治的话拿出来说。

还有就是霍夫曼[2],岩波文库出的《黄金宝壶》,现在叫做《黄金壶》,那时候还是《黄金宝壶》[3]。还有《公猫摩尔的人生观》等等,读了不少。到处找霍夫曼的书拿来读。其中还是《黄金宝壶》印象最深,读后感动了好久。

1　宫泽贤治:1896～1933年,日本诗人、儿童文学作家。毕业于盛冈高等农林专科学校,作为农业研究者和农业指导者献身于农民。著有诗集《春与修罗》,童话《银河铁路之夜》、《风之又三郎》等。

2　霍夫曼(Ernst Theodor Amadeus Hoffmann):1776～1822年,德国后期浪漫派小说家、音乐家、画家、法律家,以其幻想和怪异交错的文风而闻名。著有短篇小说《黄金壶》,长篇小说《魔鬼的万灵药》、《公猫摩尔的人生观》等。

3　《黄金壶》:中文也译作《金罐》。

还有一点,对那时候的学生来说不可少的是电影。很当回事儿地看了不少电影。那年代艺术性的电影还是不少的。

大学一年级的时候只看过三部电影,这也能说明当时自己一个人很少外出。倒是看了不少小说。要么回家、要么在自己的住处,就是一门心思地看小说或者吹长笛。后来,哥哥来了。这个哥哥是绝对的行动派,所以马上就开始经常跟着哥哥出去看电影。

那个时候看的电影中印象很深的是巴劳尔[1]的《配角》,应该是过了一段时间,又出了《天堂的孩子们》吧。

还有一些旧片也在重演。从大哥那儿听说的有《舞会记事本》、《巴黎屋檐下》等等。这是听了哥哥的忠告:迪维维耶[2]导演的电影,最好都去看看。

---

1 巴劳尔(Jean-Louis Barrault):1910~1994年,法国演员、戏剧导演。战后法国剧团的中心人物。《配角》为1945年法国悲恋电影;《天堂的孩子们》描写脱衣舞女郎与哑剧演员巴普提斯特的爱情,天堂指戏院票价最便宜的顶楼座位。

2 迪维维耶(Julien Henri Nicolas Duvivier):1896~1967年,法国电影导演。执导有《望乡》、《太太们的福气》、《翠堤春晓》和《唐·卡米罗的小世界》等。

河合流的电影讨论会

电影看完，兄弟们总要在一起说道说道。因为是兄弟们之间的聊天，不管什么时候，总是心里想什么就说什么。兄弟之间从来用不着装样子、摆姿态，就算是想装，也肯定是白搭。

跟同学在一起的时候，我老是觉得，自己什么时候都是说真心话，好像跟周围的人有些合不上拍。大家都会说好多听上去很高深的话，而我一点也不会说，大部分情况下都只能保持沉默。因为自己只会说自己看到什么、感觉到什么，所以老觉得自己跟这种艺术的世界是没缘分的。

这个特点到现在也没什么改变。现在，我就是按照自己看到的、听到的在工作。看小说也是如此，完全是自己读自己的，读完了说自己想说的。可这些，在年轻的时候都以为是缺点呢。到了现在才知道，其实很有用处。真是不可思议。

跟兄弟们不说心里话，那就没人听你说话了。从这个意义上来说，我把自己体验到的事情用语言表达出来，这个语言化的过程越来越熟练。我得让大家都明白我的意思，能够成功地做到这一点，哥哥弟弟们都愿意听我说。无论是读书还是看电影，我就一直、一直这么做着，这对我未来的职业生涯起到了不可估量的作用。

这么说来，我好像不大喜欢日本的电影。那时候，简直就是个西方迷。对外国电影喜欢得不得了,一看日本电影就觉得好小气,或者没理由的悲伤。我好像总有一种倾向,喜欢伦理性地、思想性地看事物,很难从美的角度来看问题。正因为这样,对小津安二郎的作品,现在能感觉到有意思了,当初真觉得好无聊。相比之下,更喜欢科克托的《美女与野兽》呀、《奥尔菲》呀等等。

日本电影还有印象的只剩下《青春无悔》[1]吧。原节子[2]出演的,很感动。这还能记得。

---

1 《青春无悔》:1946年,黑泽明导演。

2 原节子:1920~ ,日本战后代表性的女演员,主要出演作品有《青春无悔》、《白痴》、《绿色山脉》、《晚春》、《东京故事》等。

休学后的一年

这样看来，大学时代好像没有什么辉煌的往事。当然，有交响乐团的演奏会，也参加演奏旅行，可这些，好像都不能归到值得记忆的一类。

我又一次感觉到青春的活力，还是大学毕业后当了高中老师以后的事情。所以说，大学时代的色调非常低沉。可不是吗，一进学校，就发现自己其实一点都不行。然后就不知道自己到底该干什么了。休学以后，终于搞明白，找到了走高中老师这条路。下决心做高中老师以后，才算看到了一点儿光明。这样，就经常到文学部去听听课什么的，心情变化了不少。

这么说来，在文学部听心理学课程的时候，很吃惊："什么呀，这不一听就懂了嘛"，"一听就能听懂的课，也太舒服了"。

那时候，听矢田部达郎[1]、正木正[2]先生的课，笔记全部都记下来了。

加上休学的一年，结果大学一共花了四年时间。哥哥是后来进来的，所以我老是跟哥哥说是为了等他毕业。

1　矢田部达郎：1893～1958 年，心理学家，东京帝国大学毕业。京都大学教授、早稻田大学教授。

2　正木正：1905～1959 年，教育心理学家。东京帝国大学毕业，东北大学、京都大学教授。

这样，跟哥哥同一年毕业了。

其实，哥哥那时候结核病还遗留一些症状，很难正常地学习，经常回篠山家里去躺着休养。上大学一年级的时候几乎没怎么来上学，整天在家躺着，偶尔到学校来一下，基本上是这种状态。

这样，要到该写毕业论文的时候了。为了写毕业论文，养了好多兔子，生态学嘛。兔子在篠山也能养，所以三年级的时候一直在篠山。哥哥在大学三年级的时候，在篠山家的后面放养了很多兔子，每天就观察兔子。

那时候的指导老师梅棹忠夫是大阪市立大学的助教授[1]，跟京大的教授很不相同，允许学生不到学校来，在家里养兔子。动物学系的老师们，似乎一点都不在乎这些。梅棹先生还专门到篠山的家里来看过兔子呢。

刚好那时候很喜欢宫泽贤治的《猫的事务所》，跟哥哥经常模仿着开玩笑。那里边有一句“目光炯炯、言语略显迟缓”，我们等梅棹先生走了以后说：“这个人是目光炯炯、言语相当敏锐呀！”

1　助教授：相当于中国的副教授。

高炉之火永不熄灭

结果是，大学时代，既没有恋爱，也没有研究，就这么过去了。只是拼命地在自己的内心无声地积蓄着什么，读书什么的。

而且生活过得非常节俭，基本上没进过咖啡店。当然那个时代的咖啡店还是属于有点奢侈的地方。我很不愿意把钱花在这儿，生活过得很极端，连吃的也尽可能节约着过日子。

比如说，要考试时需要学习高木贞治的《解析概论》[1]。这本书真是难，我整天闷在住处拼命地读。那时候，每天买了白菜和猪肉回来，先把白菜切好放在炉子上，炉子还兼着取暖的功能。白菜烧好后，放一点猪肉，这样就有味道了。吃一阵子，味道淡下来了，再加一点猪肉，随后再适当地加上白菜。就这么吃着猪肉白菜，念着《解析概论》。哥哥从篠山带着吃的来了，点头赞叹："不错啊，你还挺行的，正所谓高炉之火永不熄灭啊。"

对了对了，还有一件有趣的事情。我家的哥哥跟我不一样，是个行动派，啥事儿都干。有一天，哥哥回来说："有

---

1 高木贞治：1875～1960 年，日本代表性的数学家之一，《解析概论》为其经典的数学教科书。东京帝国大学毕业，东京帝国大学教授。获文化勋章。

个家伙比你还厉害啊！一天啥也不吃光看书。”你猜是谁？是鹤见俊辅[1]。“你到人文研（京都大学人文科学研究所）去看看，还有比你更厉害的呢，”哥哥说。

这大概是鹤见到京都后不久的事情，因为哥哥跟今西锦司有关系，所以经常会告诉我一些人文研的事情。这话可能不知从谁那儿听说的吧。说是那个人虽不吃东西，可都在读原版书。那当然，从美国回来的嘛。我没他那么厉害，没他读的书多。跟哥哥两个人好一通感叹：“有这么厉害的人！”实际见到鹤见，还是好多年以后的事情。

---

1 鹤见俊辅：1922～ ，日本评论家、哲学家。

难得的辉煌记忆

在这个意义上来说，我的大学生活也够独特的啦。所以，对神经症什么的特别能理解。自己也是这么过来的，怎么说呢？前途一片黑暗吧。

幸亏，我们家兄弟几个都很有趣。一到暑假，日子过得很精彩。兄弟们聚到一起，哇啦哇啦，好不热闹。弟弟在上高中，那时已经是男女同校了，有时候会带了女同学回来一起玩儿。这大概是我上大学时最辉煌的记忆了。所以，暑假，没人读书，虽说还是会装模作样地带很多书回家。

根本没闲空读书，说来说去，最后，总归是到河里去啊、到山上去啊、聊天啊、打麻将啊、打牌啊什么的，没人有时间看书。

这样，大学的时候也没什么朋友，只有跟林博男来往比较多。林博男的小提琴非常棒，他的哥哥拉大提琴，后来当了同志社大学[1]的教授。还有一个拉小提琴的叫泽田达郎的人，是物理系的，后来当了教授。我跟他们三人一起演四重奏。小步舞曲四重奏，成天演奏小步舞曲。我用长笛吹原本的第一小提琴部，林博男是小提琴，泽田拉的是小提琴和中提琴的结合物，也就是在小提琴上绷中提琴的弦。过了一段时间，就是我弟弟来拉这个啦。

1　同志社大学：位于京都市的日本私立大学。创立于 1920 年。

因质数“17”当选自治会委员

实际上，在大学里，还有一件重要的事情。那就是学生运动。

那个时候有学生自治会，自治会的委员从各个学科选派一名。数学系，谁都对学生运动没有半点儿兴趣，没人站出来竞选，最终只能根据名册上的学号来投票。这一下，我想，完了，自己可能要当选。结果真当选了。

为什么呢？我的号码是17，一眼看去就知道是质数。我想这个数字，没准儿大家都会投吧。结果我真就当了学生自治会的委员。那还是大学一年级的时候。

理学部比较激进，那个年代，共产党[1]比较多吧。我也是啥事儿都认死理思考的人，想法基本上就变成共产党的想法了。

这时候，就发生了“护士事件”，好像是解雇一个护士还是什么的。那时候，战争刚结束，什么事情大家都喜欢搞运动。结果大家都聚到一起了，理学部的人跟其他学部的混在一起。看看理学部以外的那些人，越来越让人生气。

说白了，我是一个极端认真的共产主义者，让自己的生活过得极端拮据，而那帮家伙却随便乱花钱，做事也很随便，言行不一致。轻飘飘地来一句“演说一个好了”，然后就

1　指日本共产党。

高谈阔论一通“无产者如何如何……”，听着真让人气不打一处来。

不过，自治会的经验还是有着不少好处的。我是一年级开始做的，还挺有意思，二年级的时候继续做了一年。碰巧，动物学科的代表就是伊谷纯一郎[1]。跟伊谷成了朋友，聊了不少，实在是很有意思的一个人。

伊谷非常激进。那时候学生搞运动，动不动就无限期罢课，可一转眼就变得非无限期了。其实，大家都很天真，一有点儿什么动静马上就妥协了。罢课刚一个星期，就说“我们已经赢得了胜利，复课吧”。只有伊谷一个人毫不放弃：“我们说的是无限期，不管怎么说也得无限期地坚持下去。”太有意思了。所以哥哥还没到京大来的时候，我就已经常到伊谷家去玩儿了。

1　伊谷纯一郎：1926～2001年，日本著名的生态学家、人类学家、灵长类学家。京都大学名誉教授。继承了今西锦司的学说，将日本的灵长类研究带领到世界的顶级水平。

体验到跟“学生运动”的偏离

这样,跟搞学生运动的人在一起混了这么长时间,对学生运动的实际情况实在是太了解了,知道运动是如何跟活生生的人分离的。大家老开玩笑,说我是“京大理学部的右翼”。

我整整做了两年时间。因此那个“封堵校长”事件发生时,我也去静坐了,那时候还比较少见这样的做法。大家都一直坐在校长室外边的走廊里,绝不挪窝。

这时候,本部有一个人是交响乐团的顾问,跑了来叫我:“说你呢!今天乐团要练习,你不来可绝对不行。”我是为了逃避交响乐团的练习跑来静坐的,结果因为这次练习很重要,只好又回到乐团去了。后来,机动队来了,把还在那儿坐着的家伙们都抓走了。这才明白,那个顾问实际上是来放我逃跑的。

那时候不是有全校学生大会吗?我一直都出席的。在这过程中,听大家说,再看实际的情况,慢慢感觉到这中间的差异,就洗手不干了。不过怎么说呢,还是在某种程度上赞同大家的观点,才会一直出席这些会议的。

那个年代,加入共产党的人很多,后来退出来的也不在少数吧。不过,那时候都很单纯,特别是理学部的人,非常单纯地在思考、在行动。

各自的发展方向

话说我决定当高中老师，其中"河合塾"的经验也是一个重要的原因。还有，就是跟兄弟们讨论的结果，比起做学问来，我们兄弟还是更喜欢与人打交道。这么一想，上边两个哥哥也都是开业医生，没在做学问。我实在是不喜欢当医生，没有去医学院，但结局却一辈子都在做跟医生很相像的事情。

教高中生、把他们培养成人，没有比这更有意思的事情了。大学的时候我就是这么想的。所以，一当上高中老师，简直高兴得快没方向了。我一直称当上高中老师那年是"我生涯中最辉煌的一年"，还曾豪言壮语过："我才不会傻乎乎地去当大学老师呢。"

其实，那时候，谁也没能到京都的公立高中就业。定员都满着，没有空位子。我是怎么当上高中老师的呢？我有一个表哥，在奈良的私立高中工作，就是育英学园，他在那里当英语老师。他很热心地叫我去，正好我也想当高中老师，想得不得了。就这样，高高兴兴地去育英学园了。

那时候，很难得能当上公立高中的教师。所以，京大数学系毕业的当高中老师的人都到了京都以外的地方去了，或者去了私立高中。还有人去了保险公司，还有就彻底地与数学绝缘，比如说林博男就进了人事院[1]。在人事院高

1　人事院：日本按国家公务员法设置的日本中央人事行政机关，确保国家公务员人事管理的公正中立和统一。

升,后来还见过面。我们这个系这一级一共 25 人,留下来继续念研究生的就只有那么一个吧。

跟这个人后来还见过。我在甲南大学做兼课讲师的时候,他在那里的数学系当教授。见面说起来"那年代还是好让人怀念啊",对方一脸吃惊。因为我是作为心理系的兼职讲师到那里去的,他猛一下子也没想到我是他京大数学系的同学。

学着心理学的教师生活

知道自己没有当数学家的天分以后，慢慢地找到了做高中老师这条路，慢慢地在心里形成了明确的意向。我喜欢教书、喜欢与人交往。

还有一点就是，不管干什么我可能都是个二流人物，如果当高中老师的话，我想自己一定能做一个绝对一流的高中老师。这在我休学的那一年里，已经毫不动摇地确信了。因此，第四年，就开始行动起来，为这个目标作准备。

哥哥说："你既然这么打算的，那么得进大学院。"他的意思是进大学院好好读一下心理学，对指导学生会有帮助。不过，我上大学时还是旧制度，旧制的大学院得指导教官说"我让你进来"，你才进得去。这样，哥哥因为经常出入文学部，把我领到了教心理学的苧坂良二先生那里去。因为是旧制的大学院，所以我组织上属于旧制文学部的心理系，但书却是到教育学部去念，因为苧坂先生是教育学部的。那时候，教育学部有苧坂先生、末永俊郎先生、梅本尧夫先生三个人在教心理学吧，应该是这样。我就这样，一边进了京大的大学院，一边到育英学园去当教师。

因为是旧制，大学院的学生其实不用到学校去的，挂个名就是了。

但我还想多学一些，所以跟育英学园商量定下来，每个星期到京大去一天半。跟全职老师一样工作，但不专属于这个学校。每月的工资是 6 868 元,数字好记,到现在还记得。

这点工资吃饭还是过得去的,不能奢侈罢了。即使这样,靠自己的工资能够生活,实在太让人高兴了,已经可以不用向父母要钱了。英国经常有在牛津、剑桥刻苦地读古典学啦、哲学啦,毕业后终身做小学教师这样一种模式。我自认为自己也完全是这种模式。而且,去的是私立高中,一辈子也不要想当什么校长。这样,我就可以一边学习着,真的一辈子当老师了。这对我来说真是一种理想状态。

一生中最好的时光

真正当了高中老师以后发现，世上再没有比这更有意思的事情了。因此，这一年成了我生涯中的最佳年份。那真是充满了活力。跟大学生活完全不一样。对我来说，大学生活就是灰色的。

当高中老师是昭和二十七年，1952 年。那年，育英学园增加了招生人数，扩张规模，新教师一下子进来了七个人，其中差不多五个人是京大出身的。真是充满了清新的空气，同事们也都非常出色，热心地教着孩子们。那时候还都要刻钢板，印蜡纸的油印教材。好像成天在给学生们刻教材。

还跟高中生们一起打网球、演木偶剧等等。专门成立了木偶剧俱乐部。

还有就是我前边说过的，作为一个高中老师，需要在不管什么方面一直保持进步。把这话在同事们中间一说，大家说，那还是干点啥吧。于是大家一起开始读法语。为什么会学法语呢？因为这当中有一个老师，教倒是在教英语，却是从京大法语专业毕业的。于是每周一次，大家在一起，有顺序地读梅里美[1]、夏多布里昂[2]。那时候大家一起读的

1　梅里美：Prosper Merimee，1803～1870 年，法国小说家。著有《高龙巴》、《嘉尔曼》、《错中错》及《卡门》等。

2　夏多布里昂：Francois-Rene de Chateaubriand，1768～1848 年，法国小说家、政治家。被称作法国浪漫主义之父，著有《基督教真谛》等。

《马铁奥·法尔科内》让我印象很深。

在读法语之前，我们会拿一本岩波新书作为话题，大家一起来讨论。参加的人按顺序挑自己喜欢的书。

我没当过班主任。我进去那一年，育英学园也开始变得对考大学比较热心了。历来从育英学园并没有很多进一流大学的，但每年还是有一个、两个能进去的，为了这一两个人会花很大力气。所以，真的是拼了命地在教入学考试的内容。

上课、刻教材、考试等等，还得演木偶剧，还得去学心理学，还有好多好多要看的书……

所以那时候忙得简直是，连报纸都没时间看。对社会上的事情也没太大兴趣，拿着报纸瞄一眼大标题就过去了。基本上是不看报纸的生活，时常穿着衣服就睡觉了。对我来说，生活就是这么充实有劲。

而且读的书又是心理学，实在太有意思了。有自己想看的书，生活一下子变了个模样。可以说是我一生中最好的时光。只有吃的东西没什么太大变化，还是那么节约，人真是枯瘦如柴。我想自己一辈子体重都不会到60公斤吧，那时候就这么想的。

比起出人头地，还是好好活着

兄弟们对我当上育英学园的教师，那真是从心底里为我高兴。那时候，做梦也没有想到我们兄弟当中会出京大的教授。

还有一件重要的事情，我家雅雄哥哥京大毕业后到哪去工作了呢？这个哥哥到兵库农大去了。到兵库农大当助教，回到了篠山。我自己这么说可能有些奇怪，假如我们兄弟几个出生在京都或者是东京，进了大学，想做学问的话，可能每一个人都能当上教授什么的。可一是因为出生在篠山，二是因为特别喜欢与人相关的工作，看不惯大学特别是医学部的清规戒律。哥哥们就算是进了医学部，也都变成了大学医学部的叛乱者，几个人都是跟大学医学部争论，然后跳出来自己开业了。

二哥经常说"我就是个乡村医生啊"，认为这绝对符合自己人格特性。这样雅雄哥哥也回到篠山，当了篠山的农业大学的助手，父母在想："将来慢慢能当上那里的教授也不错。"大家为我当上高中老师而发自内心地高兴，也是出于这种想法。

比起社会上的头衔，一家人好像都更注重生活的实质，都把人与人之间的关系看得很重。喜欢跟人打交道，每天快快活活地过日子，大家在这方面倒是绝对舍得花精力。

学问什么的，不是我们做的。就算是做学问，也不见得能做出什么出息。我用这样的想法,来决定自己将来的发展方向。

可是,这事情还是有它正负两个方面。大家愉快地工作生活、做自己喜欢的事情,长大成人,这是很了不起的事情,是事情的正面。反过来,不约而同地都回到了篠山,也可以说是消极的一面。也就是说,大家都认为,聚到父母的身边,好好地生活,是最幸福的事情。所以说,如果没有这样的想法的话,哥哥们可能都有着不同的人生道路。

我经常说,没准再过一段时间,我也会回到篠山的凤鸣高中,在那儿当老师,然后慢慢地做校长什么的。

雅雄哥哥身体一直不好,当了兵库农大的助教,回到篠山,这样,父母总算放下心来。哥哥可以从家里去上班,我也当上了教师,“啊,太好了,太好了”,家里就是一片这样的气氛。

自明治以来,都市以外的地方出来的人,都有一种出人头地的基本模式。我们家里没有一点这种气氛。比起出人头地,每天好好地生活着,而且还有点儿以篠山为中心的意思在里边。就是这样。

在家乡有着作为人的精神上的富足。因此,如果没什么的话,可能一家人就这么一条线一直过下去了。最初发生变化的是,河合雅雄被召唤到爱知县犬山的猴子研究中心(Monkey Center)去了。

那时候的事情还记得很清楚。大家在一起不晓得讨论了多少遍。父母都不愿意让他去，因为身体不好。而且说是什么“猴子中心”，虽然后来发展成了灵长类研究所，可那时候谁知道这是海里的东西还是山上的玩意儿。上那儿去，还不如在这儿好好待着，将来总能当上兵库农大的教授的。

可是，今西锦司、宫地传三郎还有伊谷纯一郎，无论如何也想大家一起来把这件事做成，哥哥内心也想去。这样，他们跟我们兄弟、父母不晓得谈了多少次，说服大家。最终，哥哥还是去了。从这件事情起，家里开始有了变化。虽然那时候我还一直认为自己会做一辈子高中老师。

也教过可爱的初中学生

我当了三年高中教师，拼了命地在教数学。刚才也说了，成天挖空心思地想着该怎么教，自己编教材，刻钢板。

而且还有让人高兴的事。育英学园开始办初中部了，这样我也去教初中的学生了。真是件好事。初中一年级的学生，小脸可爱得不得了。一进教室，觉得实在是太可爱了，一下子笑得喷了出来。孩子们看我笑也开始笑，我看着孩子们笑更要笑。笑着笑着，我说“咱们别笑了，开始上课吧”，话音没落，又有人开始笑出来。就这样，曾经一个小时一直都在笑，啥都没干。

这个学校的气氛也很自由，就这种腔调。所以年轻的老师进来，跟学生们打成一片，关系好得不得了。学生时不时地跑到老师的办公室聊天，老师也成天钻到学生堆里。真是过得快活。简直没有比这更让人愉快的事情了。做着自己最想做的事情，经济上也能独立，按照自己的意愿活着，适当地也在学习。

只有一件事比较郁闷，那就是到京大去。别的人都为了学习心理学进了京大的大学院，只有我平常是不去的。所以，知识的差别很显见。水平差很多，又开始体验我那甩不掉的自卑感了。跟大学时不同的是，不去京大的时候，我在很愉快地当着老师。这样，某种程度心灵还是能够得到救赎的。

在大学院里一直只挂着学籍。也没资格,也没别的什么。旧制的大学院就是这样,只有学籍。

有一点很好,那就是学生折扣,随便干什么都有优惠。我的学籍在那里挂了有十年吧,好像到我当了天理大学的老师以后还有着京大大学院的学籍。直到我到京大做兼职讲师的时候才被人说:这也太过分了。说白了,就是不用交学费,却有学生优惠。我可能也正是因为这个,才一直把学籍挂在那里。哈哈……

第三章

进入心灵的深层
——倾倒于临床心理学

在实验心理学和临床心理学的夹缝中

在高中教书的那三年，教学是我的本职，一个星期只有一天半到大学院去。这一天半里，要么去听课，要么，因为到底是京大，你随便想干什么都行。

很有意思的是，那时候心理学引入了统计方法。我因为可以读懂统计学的书，就给教育学部的老师们上佐藤良一郎的《统计学概论》，面对着苧坂良二先生、梅本尧夫先生、末永俊郎先生这些教师们讲课。先生们都说愿意听，每周这就成了我的义务。除了这个，我自己还去听一些想听的课。

使用统计方法来学习心理学，这属于实验心理学的范围。我其实最想学的是临床心理学。只可惜，当时，人们一般的想法，认为临床心理学称不上是学问。

即使这样，心理学还是相当有意思的，先生们的课倒是一直都在听。但跟自己最想学的东西还是有差距，我只好自己看看弗洛伊德的书，觉得真的很有意思，可大家都认为那不是学问，没人搭理他。这样的状况持续了有一年多。

向高桥雅春学习罗夏墨迹测验

可是,我又不是为了当学者进大学院的,我是为了更好地当高中老师才来学习的。这样,就给苧坂老师写了一封信。

先生们对我抱有期望,这让我很感动。可是我真的不想做这些,我想学的还是临床心理学。只是,在那时候的京大,基本上是学不到临床心理学的。

不过,当时,有一个很有趣的人,从京大文学部心理系毕业后,进了少年鉴别所[1],主要在做心理测试,叫高桥雅春。这个人后来当了关西大学的教授,当时是奈良少年鉴别所的鉴别科长。听说他在那里做心理测试。

比起大学院里教的,我想学的还不如说是这个呢。说极端点儿,就算那不是学问,也没有什么关系。我信里就写了这些想法。苧坂先生的回信非常爽快:"这样的话,你做你喜欢的事情好了。"于是,我就可以做任何自己想做的事情。在本来该去京大的时间,我不到京大去,而是骑着自行车从自己工作的学校到奈良的少年鉴别所,跟高桥学习

---

1 少年鉴别所:日本的少年鉴别所将主要审判和调节家庭内部事件及青少年刑事案的家庭法院送来的少年收容一段时间后,还根据医学和心理学等专业知识鉴别其身心状态和性格。

罗夏的墨迹测验[1]。

关于这个罗夏测验,还有一段故事。那是我在京大因为休学一年,读到第四年的时候,开始对心理学有兴趣。当然,雅雄哥哥也很有兴趣,经常给我指导。那时候有一个从植物学部过来的人叫藤冈喜爱,现在已经去世了。这个叫藤冈的,自从开始做罗夏测验以后,抓到谁都让人做。这样给哥哥也做过。听了测试的结果,哥哥跑回来说给我听。那还是学生时代。

我一听,佩服得不得了:居然可以把人测试得这么清楚!我们兄弟都对人很有兴趣,经常互相分析各自的性格,"你是这样的,我是这么回事儿"等等。能把人的韵味、细小的差别测得这么清楚的方法,真让人叹服。从那时起,罗夏测验就一直在我心里占一块地方。

当然,那时候的学术界的大势,对罗夏测验还不当回事儿,认为太不客观。但因为有这样的体验,我还是非常想学的,就这样一直往高桥那里跑。

---

1 罗夏墨迹测验(Rorschach inkblot test):一种非常著名的投射测验。由瑞士精神科医生赫尔曼·罗夏(Hermann Rorschach)于1921年创立。给被测验者看由墨迹形成的图像,根据被测验者看图像想象出什么来做人格分析。

测试前思考的效果

我一直在看高桥在少年鉴别所给孩子们怎么做测试。刚好我在学校教书,学会了测试方法以后,回到学校,不管是初中生还是高中生,见到人就拜托:不好意思啊,能不能做一下这个测试?

后来才发觉,自己的做法确实非常好。因为我平时就对学生很有兴趣,也经常在思考每一个学生的性格。因此,做罗夏测验的时候,心里是有底的:结果基本上应该是这样吧。跟自己预测相符的结果出来,很是高兴。可是,有的时候会有跟自己想的完全不一样的结果。这样,就归结为要么是罗夏测验有问题,要么是我有问题。碰到这样的情况,总是下功夫去想明白到底是怎么回事儿。想啊、想啊,有的时候还真能想通里边的奥妙。

比如说,罗夏测验里有这样的说法:这样的情况说明性格比较好斗、具有挑衅性(aggressive)。我们因为都是用英语在读,看到 aggressive 这个词儿,立刻就想到了攻击性。其实,不完全是这么回事儿,aggressive 还有着充满活力、积极进取的意思。因为积极进取的人工作可以做得非常出色,根本不需要对谁发起挑衅。所以才说是"aggressive"。

关于这一点，后来到美国去留学时，克洛普佛教授[1]说这是学习“投射技术”的最好的方法。所谓投射法，是广义的心理检查方法，包含了区别于“问卷法”的各种各样的方法。“问卷法”一般会设很多问题，然后回答“是”、“否”或者“都不对”。这种方法比较容易量化，但经常流于表面。相比于“问卷法”，“投射技术”则看重对某种素材的反应、自由表现等等。想要搞清楚“投射”出来的这个人的无意识状态。这样的方法有很多很多。罗夏测验是这类方法中主要的一种。有一种叫 TAT(Thematic Apperception Test，主题统觉测验)的方法，根据一幅画讲故事，还有自由地画人物或者树木等等方法。比起问卷法来，投射法能够了解人的深层心理，很吸引人，但是解读测试结果则需要一定的熟练技术。作为提高熟练度的一种方法，克洛普佛教授提到了我说的这种做法。

---

1 布鲁诺·克洛普佛(Bruno Klopfer)：教授，美国心理学家。出生于德国巴伐利亚的犹太人，1923 年在慕尼黑大学取得博士学位。为逃避纳粹的迫害经瑞士到美国。在瑞士度过的一年中与荣格共同在苏黎世研究，开始接触罗夏测验。创立了美国《人格评估学报》(*Journal of Personality Assesment*)前身的《罗夏研究专门学报》。曾任职于哥伦比亚大学，后被聘任为美国加利福尼亚大学洛杉矶分校教授直至退休。罗夏研究所所长、美国投射法学会会长。为河合隼雄先生在美国留学时的指导教师。

痛感对人的理解的肤浅

到今天来看,我对学生的理解还是有肤浅的地方。简单地说,数学学得好的,我总觉得是个好孩子。这好孩子的概念非常单纯。但罗夏测验能看到更深的层面,某个孩子在学校里尽管不表现出来,但一做测试还是能看出来本身具有的某些病态的因素。因为一直都没有看出来过,所以对着测试结果,会非常吃惊:"这是怎么回事儿?"过后又会发现确实没错。这样的例子真不少。可能需要过了五年,甚至十年才显现出来。因为牵扯到个人的私事,不便多说。不过,罗夏测验真是非常有威力。

幸运的是,我不做高中教师以后还跟学生们一直来往,所以可以看到各种各样的后续发展情况。这样,十年之后,能看到病态的症状开始显现,而罗夏测验早就预见到。真让人举起双手投降:没说的。

后来,育英学园办起了幼儿园。所以对幼儿园的孩子们也做了罗夏测验。那时候的我,就像患了罗夏测验病一样。对自己来说,实在是太有趣了。自己先做一定的预想,然后做测试,然后心服口服:嗯,果然如此。同事们也很理解我,经常会主动说:我也让你做一个吧。

这样,我把自己做的结果拿去给高桥雅春看。高桥根本没见过测试的人,光靠罗夏测验的结果,居然一说一个准儿。我看了简直佩服得不得了。但是,高桥也有说得一点不沾边儿的时候。这就有点像刚才说的，比如说原因在于对 aggressive 这样的词儿的理解错误，仔细想想：其实应该是这么回事啊。

也就是说，我们对英文记述的性格的误解，导致了好像罗夏测验不准确的结果。这时候，我会跟高桥两个人深入地探讨下去，“啊，是这样啊”，这种恍然大悟的事情也时有发生。不过，从学问或是学会的方面来看，这些基本上没什么学术意义。

京都罗夏研究会

在我到高桥那里去的期间,高桥调到京都的少年鉴别所当鉴别科长了。这样,以京都的高桥为中心,成立了京都罗夏研究会。

这个研究会的成员主要是和少年鉴别所或是儿童咨询所这些地方有关的人。也就是说,都是些实际在做罗夏测验的人们。还有一个人很难忘,那是文学部的学生,叫池田彻太郎的,就住在我家附近,所以我们经常在一起讨论罗夏测验方法。

这个池田从文学部来,属于精英人物。他跟藤冈喜爱以及后来写了岩波新书《弗洛伊德的方法》的牧康夫都认识。那时候就间接地听到过不少牧康夫的事情。

牧康夫也是一个一直在思考临床问题的人。不过,他是一个很出色的理论家,自己一个人看书,一个人理性地思考,不太跟别人结伙。是个绝对的秀才,我不由感叹:文学部里真有些与众不同的人啊。

当时的心理学的趋势

刚才我说过给心理学的老师讲统计学的事情。使用统计学,其背后的思考在于以科学的方向为目标。也就是说,实验心理学总想努力做点儿什么,以便能够成为近代科学的一员。因此,大家都从方法论开始入手。其努力的方向在于做近代科学式的研究,从而得出客观的成果。但不管怎么说,找不到物理学那样的因果关系,这样,只剩下了统计的方法。既然没有因果关系,也该有相关关系,基于这种想法,就想通过研究来找到这种相关关系。

我在做罗夏测验的过程中,对每一个个人的事情非常感兴趣。但把这些结果拿出去发表,也不能成为任何学术上的业绩。在学会上发表的内容必须具有客观性。这样,把一般高中生和高桥所做的非洛滂[1]中毒的少年的结果做了比较,发现有很大差异——真是废话,有很大差异再正常不过了。这个结果比较客观,于是,第一次把它拿到学会上发表了。

还有就是,比如说高中生和幼儿园的孩子的发育阶段不一样,然后,就研究两个群体的反应的统计学意义上的差异,来说明其中有怎样的不同。

可我实际上关心的是个人。对每一个独特的人做测试

---

1 非洛滂:兴奋剂的一种。

是多么有意思啊。

可以认为,这种统计学的手法基本上跟在美国盛行的行为主义是同一桩事。这里,没有一对一的因果关系。行为主义,作为心理学的研究方法的一种,是受近代科学的深刻影响而诞生的,美国可以说是大本营。近代科学,就是研究者客观地来观察对象,找出在其中产生的因果关系的定律。因此,心理学也想更"科学"一些的话,就不能把摸不着头脑的"心灵"作为对象,只能抓住更客观的"行为",把这当作对象来研究。这么做,自有它的条理性,也构筑起了一个学问的体系。只可惜,我觉得这个学问在临床的实际当中,基本不起什么作用。这个放下不提,行为主义其手法就是通过观察人的行为,要找到其中可能存在的因果性定律。只是,人的心灵和行为,不存在那么简单的一对一的因果关系。所以只好去找其中的相关关系,要用统计学的手法来证明其相关性。

其实,要我说,实验心理学的人们所做的事情,按照理学部的人的思考方式来看的话,并不像他们自己所想的那么具有客观性。也就是说,不过是人们这么以为而已,不能说就是多么客观的,而且,按照这种客观的研究方法得出的结果也都是些不用研究谁都知道的事情。在人的心理问题中,实验心理学研究的不过是些简单不过的问题。我对这些,丝毫提不起兴致,所以,主要都是在做罗夏测验。

总得有人来做

池田彻太郎住在我家附近。池田经常来玩儿，我们也一起乘电车回家，在车上几乎成天讨论的就是罗夏测验。

池田的专业是文学部的心理系。文学部心理系的人搞这个，真是个相当的怪人。可是，因为他是一个很有趣的人，才会对这个有兴趣。

那时候，经常有人跟我说："你在这种像泥地一样的地方滚爬，搞些不明不白的事情，永远没有出人头地的日子啊！"我总是说："不是为了出人头地，我是因为有兴趣，一点儿都不在意这些。"那时候，最关心的是在高中教书的事情。再就是，理解人。为了这两点，对罗夏测验表现出极大的热情。

这样，当了三年高中老师，我转到了天理大学。这当中，有很多重要的事情。直白地说，就是在想做临床心理学的过程中，才发现，当时的日本在这个领域没有指导者。这是非常重要的事情，但完全被大家忽略掉了。最初，我是一心想一辈子做高中老师的，但慢慢地开始觉得，总得有人动真格地来做临床心理学的研究，这种心情越来越强烈。

还有一点，我在这儿说不知道好不好。当了高中老师以后，我拼命地投入得太过分了，年轻气盛得过头的话，学生们反倒被压垮了。这也是后来才慢慢明白的道理。如果我能更着重培育学生的话那就更好了。那时候，我还不是一个培育学生的教师，而是一个典型的冲劲十足的老师。心里总有些感觉，觉得孩子们慢慢会被我逼垮下去——那时候教的学生后来还一直有来往，都很亲热、也很有意思——但总觉得哪里不对劲儿。我内心还是有些恐惧的。就这样子继续做高中老师，好像不行。

当了天理大学[1]的讲师

很幸运的,那时候我有个表哥在天理大学当校长。当时,正是大学向新制度转换的时期,所以学校有很多位置。也因为是亲戚,跟我说:没有人教教育心理学,你能不能来啊?这对我来说真是一个运气很好的机会,但心底还是有一些遗憾的:曾下决心一辈子做高中老师的,这可有点儿像大敌当前、临阵脱逃了。反过来,如果走出了这一步,我也就只能在临床心理学的领域里玩命地干了。

还有一点很重要,尽管说在日本没有临床心理学的导师,但比起别的大学来,京大还是有一些临床心理学的老师的。有一位叫正木正的老师,本身就是做性格心理学的。发展下去,逐渐地开始关心教育咨询方面的研究。后来,又进来了一位叫仓石精一的老师,也在思考着临床心理学的问题。

还有一位在京大做兼职讲师的老师,叫黑丸正四郎,后来当了神户大学医学部的教授。这样,正木老师、仓石老师和黑丸老师三个人在京大逐步展开了教育咨询,我也参加进去了。虽说,我也参加了,但说心里话,有的时候还会想:"这个,好像有点……"

---

1 天理大学:日本私立大学之一。以 1925 年创立的天理外国语大学为起源,1949 年改制为四年制大学。位于奈良县天理市。

还记得很清楚，一说天理大学的表哥叫我去，仓石老师特别高兴："一定要去，我帮你写推荐信。"其实自己心里是挺矛盾的，一边觉得自己临阵逃跑，一边又觉得临床心理学也需要好好地钻研，再加上心里一直认为自己不是当大学老师的料。就这么矛盾着，但最后还是决定到大学去了。

在天理大学四年制的学部当教育心理学讲师的时候，我还是浑身上下充满自卑感。四年制大学制度在建立的过程中，系统还很不完善。而且因为是大学，老师们都不怎么到学校来，里边没一个人，我连自己的房间也搞不清楚。心里就一直担心：我真的要做这儿的讲师吗？

现在还记得，天理大学的校园活动，有各种各样运动项目的大会。我特喜欢相扑，站在外边看了一天。那时已经结婚了，回到家里，妻子问我："你今天干什么啦？晒得好黑。"我就开玩笑："大学嘛，就是会晒黑的地方。"我一直很怯去见大学老师这一类人的，像我这样的，也能当大学老师？

京大也有了变化的征兆

比起四年制学部来说,天理大学的短期大学还好一些。在短期大学部,有一位叫长谷山八郎的教育学的老师,对实践方面的问题特别关心。遇到这样的老师,使我人生受益不少。这个老师是短期大学部保育学科的主任。说到保育科,真的是非常实践性的地方。想跟这样的老师在一起多做一些,所以我既在四年制学部教,也到短期大学部教书。还在短期大学部开展了教育咨询等,真的非常幸运。即使这样,我去见短期大学的老师的时候,还是提心吊胆的:会不会被这些老师看不起啊?

天理大学是新建的学校,最初的时候用不着上很多课。因为课时很少,所以比起以前,能去京大的时间反而多了。这样,到了京大,大家聚在一起,仓石老师给大家介绍说:"这是天理大学的讲师河合君。"我,就又觉得被人小看了。仓石老师可能只是单纯地想跟大家说一下我当上讲师了,可我就能听成:"这有个没什么大本事,居然还能当讲师的家伙。"这时候,谁再笑一下,我更觉得被人嘲笑了。到了京大,老是有这种精神上的折磨。

但在京大,也有些人慢慢地冒出来,想做临床心理。这些人最热心的是美国的卡尔·罗杰斯[1]的非指导咨询的思想。

---

1 卡尔·罗杰斯:1902~1987年,美国著名心理学家,人本心理学的创始人。创立"当事人中心疗法",著有《咨询与心理治疗》等。

罗杰斯的“非指导咨询”

我认为罗杰斯是一位划时代的人物。这有各种各样的背景。纳粹时代,欧洲很多出色的精神分析学者都流向了美国。在欧洲,精神分析是不能称为学问的。而到了美国,一下子就登上了学术的典雅大堂。

虽说我对这一点是持批判态度的,但美国的学术界当时是完全把它作为科学接受下来,简直就像对待一般的自然科学一样。这样,美国的精神分析就发展得非常迅猛。

精神分析家的地位很优越,但弗洛伊德派的精神分析家则要求必须是医生。这样,就形成了井然有序的等级制度。有医生资格的精神分析家在最上层,然后是学了精神分析但又不是医生的人,而心理学家则处在离得远远的下层。

在这种状态下,罗杰斯主张,没有必要非得用精神分析的理论把自己武装起来才能去见当事人。简单说,就是提倡“非指导咨询”:不对当事人作指导。

这个“非指导咨询”风靡了日本的临床心理学界。为什么呢?因为不大需要理论,一知半解地学些理论,反倒更不好。

罗杰斯还有一点很出众的地方,他把自己做的事情都录音下来。比如说,患者来了,说“我恨死我父亲了”,如果我们说“你这个憎恨的心情就是俄狄浦斯情节”,对话大概到此就进了死胡同,再进行不下去了。如果说:"你恨自己的父亲,一定很痛苦吧?"对话就可以进一步深入下去。全部过程可以用实际的录音来说明。于是,就能得到很明确的感性认识:这样说话能进行下去,那样说就不好。这么做的说服力很强。

我最初读了罗杰斯的书,也是很受触动。后来日本也出版了《非指导咨询》的日文版,一时间,"非指导"这个词儿到处流行。在京大,也说要把咨询搞起来。这样,人们率先做起了非指导心理咨询。

先决条件是要了解人

读罗杰斯的这些著作，确实给人触动不小，但我自己却没有去照样实践一下的愿望。为什么呢？你说的可能很有道理，但对人没有任何了解来做这些事，好像也太不靠谱吧。我觉得先决条件应该是尽可能地多了解自己、多了解人。因为做过不少心理测验，我对这一点深有体会。因此，虽然对罗杰斯的著述非常感佩，但自己并没有尝试做非指导咨询，或者说做不来更合适一些。好像怎么也不适合自己，所以一段时间主要还是在做罗夏测验。

也就是说，我那时候并没有做咨询。正好那个时代，在日本，做临床心理的人也慢慢开始增加，形成了一个圈子，经常在那里发表一些自己的实践结果。不过，大学的老师还是很少做这种事。

在这种状况下，我经常发表自己的研究结果，在做罗夏测验的人群中还是得到了相当的认可，说起河合，大家就有“罗夏的河合”的印象。但是，还是很难进行到咨询这一步。对我来说，既受不了实验心理学，也受不了非指导咨询，所以只好测验、测验，成天就在做罗夏测验。这是当时的实情吧。

突然，这时候在学界发生了争论。怎么说呢，有人提倡既然罗杰斯这么说了，也就是说，只要非指导性地听当事人说就可以了，那么，就不需要诊断了，甚至可以说诊断反倒有害。后来,把罗杰斯讲的“非指导”这个词儿转化成了“接受(accept)”。我们去见一个当事人,如果你认为他是分裂症,那这就是一种从外界看上去的概念,妨碍我们去接受当事人。所以,诊断岂止无用,简直就是有害。

可是我们这些做罗夏测验的人,真是拼了命地在思考如何诊断。我们总是想尽办法,希望更进一步地了解人,了解深处的病理。我们认为这是第一步,罗杰斯派认为这个有害处。诊断重要还是治疗重要,争论这个现在看来真是好无聊,可当时就为这个互不相让。当然,我是站在了首先要了解人,不管说什么诊断是重要的这一边。

给布鲁诺·克洛普佛的信

开始做罗夏测验以后，在高桥的圈子里，看的都是英文的书。从这上边，知道了布鲁诺·克洛普佛，像是罗夏测验的旗手，写了本很有内容的著作。我就在看他的这本书。这个叫布鲁诺·克洛普佛的还主持出版着《投射法学报》。

现在想来真不可相信，那时候看一篇学报的论文都要花好长时间。先把它全部抄到笔记本上，然后，花一周左右的时间翻译成日语，就这么样在读。这么着，就有了怎么也无法理解的内容。有些事情，我怎么考虑都是应该这样的，可学报上说的又是那样的。

这样，也有点闹着玩儿地，就给克洛普佛写了一封信，说"你主编的学报上是这么说的，可我怎么想也觉得应该是那样的"。心里想着这种信寄出去也没什么用，管他呢，寄出去再说。谁想到，居然回信来了。回信的内容更是厉害："你说的是对的。读这份杂志的人有很多，只有你看到了这一点。"我真是感动啊。

就这件事，让我一下子喜欢上了克洛普佛，真是一个伟大的人。然后就想到美国去。这已经是在天理大学时候的事情了，大概是昭和三十一、三十二年（1956、1957）左右的事情吧。

伯丁教授的课程

这件事,对我们这些做罗夏测验的人们都是一个强有力的鼓舞。于是大家就在商量,我们当中应该有一个人到美国去留学,光是日本人自己在这里死抠,还是不行。到底美国发展得比我们超前得多。

大家又开始努力学习英语会话。可是没钱啊。没有钱,只好找来了研究小组里边有人认识的神父,拿一些微薄的谢礼,请他给我们教英语。

我到现在还记得,那个英语会话课程从头到尾大家都在笑。为啥呢?因为神父说的话谁都听不懂。同样都是人,怎么就可以用这种稀里糊涂谁也搞不懂的话滔滔不绝地说呢?简直太奇怪了,就一直笑啊、笑啊。能听懂一点的人还好,像我这样啥也听不懂的人就一直不停的咯咯咯地乱笑。

刚好这时候,由日本学生咨询会议邀请的美国密歇根大学的伯丁教授,到京大来做特别讲座。听了这个,更让我兴奋:原来临床心理学也已经作为学问形成了一个体系了!通过伯丁的课程,切实地感觉到了这一点。

当时牧康夫也来听这门课,从那时候起,跟牧康夫来往也变得多起来,经常在一起聊。心里对实验心理学的怀疑啊、诊断和治疗的争论啊、罗夏测验啊,我说了很多很多,牧康夫真是一直认真地听着。他是一个非常优秀的理论家,说出来的话都很有意思。两个人经常是很长时间地聊着。

那时候,牧康夫是京大人文研究所的助手[1],人文研究所的堂堂助手,什么学术论文也不写,成天在学习,所以读的书真不少。跟他聊天很是方便,我说起什么问题,他马上就能告诉我这个问题在什么地方,你读一下哪一本书就好了。牧康夫比较注重细节,在实践方面不大往前走,我呢,又实际一直在做罗夏测验等等,说出来的话,对他来说可能也很有意思吧。前边也提到过的池田彻太郎,还有这位牧康夫,真是在一起交流了不少,对我来说,是人生难得的好运气。

跟牧康夫的交往,就这样从去留学之前开始,到留学回来以后,一直持续着。自己想到的问题点、疑问处,他是最能够一起讨论的人。我什么事情都一直是自己随意地在思考。简单说来,因为那时候没有一个指导者,有关罗夏我也是自己在想,有关实验心理学,我也是自己在想,觉得它并没有自己说的那么科学。这种话,跟别人不太好说,可是跟牧康夫就可以说。他会正当地评价我的想法,给我回答。牧康夫经常会为了一个问题,三个小时、四个小时地跟我讨论,给我评价,让我觉得自己还能算凑合吧。就这样。

1 助手:日本大学教师的级别,分别为助手、讲师、助教授、教授,相当于中国的助教、讲师、副教授、教授。

有一次跟牧康夫说着什么,我说:“啊,我都忘了这回事儿了。”他好像很羡慕的:“河合真好,能把事情忘掉。”这么说,他是个什么事都忘不了的人啦,实在太让人佩服了。

为了留学猛练英语

听了伯丁教授的课程后，很受触动。我就开始犹豫：究竟是到伯丁教授那里去呢？还是去克洛普佛那里？不管怎么说，总得有人去，所以我去参加了富尔布莱特奖学金[1]的考试。

只可惜，英语，一点都不行。在育英学园工作的时候，每周都读法语，法语倒还好一些。英语会话，简直就是没法提，那年代连英语老师的发音都没人听得懂，就别说学生了。

而且那时候，录音机真是贵重东西，谁都没有。那还怎么练习英语呢？只有不停地听美军驻军的广播。还有就是，30 元钱可以连着看三部电影，就到电影院听英语。适当地看看画面，然后闭着眼睛专心地听啊、听啊……

还有一个叫布什的人主持的“时尚话题”的广播节目，那个人虽说是日本式英语，我也一直在听。

另外，就是我很幸运地在天理大学工作，那里有英语专业。英语专业的会话课，还有我教英语的朋友的课我都去听。在天理大学倒是学了不少英语。

---

1 富尔布莱特(Fulbright)奖学金：日美两国政府出资的教育交流项目，资助学生在自己的专业领域研究的同时为日、美间的相互理解作贡献。由美国已故参议院议员 J. W. Fulbright 于 1946 年提议，经国会批准自 1952 年开始实施至今。

第二次挑战,终于取得了富尔布莱特奖学金

就这样,参加了富尔布莱特的考试。第一次,学科考试都通过了,面试落选了。第一次就能通过学科考试,周围的人都说我很了不起。那时候富尔布莱特奖学金的考试非常难。

记得好像有 150 个人去考,最终合格的只有三个人。学科考试需要淘汰得只剩下 15 人,我想自己肯定过不了的,但学科考试居然通过了。面试被刷下来真是理所当然,英语会话根本就不行。

现在还能记得,第二年再去考的时候害怕得不得了。可不是吗,上一次学科考试也不知怎么凑巧让我通过了,这次如果学科落选了,大家不就知道我其实是没有什么实力的了?然后就拼命地想找个什么理由,看能不能不去考了。实在找不出能让人信服的理由,第二年只好又去了。

这个富尔布莱特奖学金是怎么考的呢?就是出海量的题,让你两个半小时内做出来。这回考下来感觉特好,觉得肯定能过。平常什么也听不懂,可考试的时候,不知怎么,考试官说的英语都能听懂。这样,我想自己肯定没问题了。后来知道,学科好像考了第一名。

这可能跟我会考试也有关系吧。我一说我考上了富尔布莱特奖学金,谁都不说你好厉害,大家都说你真会考,你真应该去写《不学习又能通过考试的方法》什么的,肯定能

赚大钱。

接着面试也去了。英语对话还是比较笨,可结果面试居然也通过了。这样就能通过也太侥幸了,肯定什么地方不大对劲儿,所以就跑去问考试官:为什么我这样的人也能合格?

这一点,还是挺佩服美国人的。到目前为止,富尔布莱特奖学金的考试中,英语会话的分数比重占得很高,因为觉得连英语都说不清楚的人去了也没什么用。实施的过程中,美国方面也在做追踪调查,这么一来就发现,英语很好的人,回到日本以后并没有太大的贡献。然后就修正了考试的方向:比起英语,把重点更放在了你到底想做什么样的学问、你对自己要做的学问有没有明确的目的意识,把这些都放进来作为全面考察的内容。正是在这样变化以后,我才考合格了。所以,虽然我的英语会话能力还是不行,但总算通过考试了。

全国一共有多少人通过考试了我也记不大清楚,大概就100个人左右吧。这样,后续的通知来了:你的英语会话能力不够,先到东京来接受特别训练,这个必须参加。这个通知叫做"你必须(you must)"。全国一共有五个人收到了"you must"的通知,我也是其中之一。这样,就到了东京,接受了几个星期还是一个半月的英语会话特别训练。这个真的非常有用。

河合隼雄是双胞胎?

我们再回到在天理大学教教育心理学的时候吧。虽说自己刚开始还是极端地自卑,但一教课,还挺受学生们欢迎。这下子真高兴啊。后来又到短期大学部去教保育科的学生。在保育科接触到许多现场的实际问题,很有参考价值。

其实,前两天受天理市教育委员会的邀请去做演讲,就有我在保育科教书时的学生,后来做了幼儿园的堂堂园长,刚刚退休。我收到了三个人的花束。在短大的时候,我也演过木偶戏,还有人提起来那时候跟先生一起演过戏呢,只可惜面孔都记得不大清楚了。

我到天理大学就职的时候,还是一个自卑得抬不起头的人,靠着大学学生、短大学生的支持,还有前边说的长谷山八郎先生的鼓励,才慢慢地打起精神来。

还有一件有趣的事情。在大学里,我本不想教数学的,可是各种原因不得不同时去教数学,虽然是很短的期间。

当时我玩兴大起。先去上数学课,数学课上好了,该上教育心理学的时候,就换上一件其他的衣服。教育心理学有各种各样的研究,其中说到同卵双胞胎,遗传虽然一样,但生长的环境不同,也会产生差异。讲到这儿,我装没事儿人似地说:"这么说来,我有个哥哥在这儿教数学,跟我是同卵双胞胎，经常被别人搞错，哈哈哈……"后来，听说就这事儿好多学生当真了，争论了有一年，有的说是，有的说肯定不是。

越是身边的事情,越是搞不清楚

前边也说过,我在去美国之前,在罗夏测验的圈子里,已经很出名了。简直就是个做罗夏测验的拼命三郎。

但是,突然遭遇到了一件事情,一个关系很近的人,年纪轻轻的就去世了。是自杀。

遇见这事,内心真的想不要再做什么临床心理学了,这么亲近的人要自杀,自己居然毫无察觉。那时候有一位精神科医生,平常对我们就非常理解,做过鉴别所的所长、儿童咨询所的所长什么的,像是我们的监护人一样,叫林脩三。我到他那里,说:"和自己这么亲近的人要自杀,我都不知道。所以不想再做临床心理学了。"结果,他告诉我:"越是亲近的人,越是不能搞明白。实际上,我自己也有过,几乎是完全一样的经历。后来仔细想想,我们对自己身边的人,总有一种满怀期待的观测,所以就看不清楚事情的本来面目。"吓人吧?对待别人倒是可以客观地看待。

这种在鉴别所实际做事情的人还是有他们出色的地方,真是让人佩服。所以,罗夏测验研究会的人刚开始基本上都是些实际在做测验的人。后来,才慢慢加入了大学里的学者,因为临床心理学开始盛行了。

说到罗夏测验现在看来是不是还有效?我认为是有效的。但是,发展还是比较困难的,因为这不是一种客观的测验。这个问题,到了美国的克洛普佛那里去以后,就更明显了。

日本临床心理学的黎明期

那个时代其实是剧烈变动的时代，因为过于专注于学术领域，很难说我对社会有足够的关心。当然，那年代，少年鉴别所里有很多非洛滂中毒的少年，也从一个侧面能说明那时的社会问题，而且很多人经济状况很差，所以我总有一种得为大家做点儿什么的强烈愿望。

这样，跟我同龄的人有不少想从事临床心理学的工作，都想着要到国外去。很多人为了出国吃了不少苦头，都知道窝在日本是做不出什么的。有趣的是，这当中有很多人起初并不是学心理学的。

比如说，现在文教大学的校长水岛惠一先生，原来是法律专业的。看着眼前的不良少年，就想要好好钻研临床心理学，然后就出国了。这样的先驱者，都是经历了艰苦的道路，走出国门。

留学的地方大部分都是美国。也就是说，到美国去还是有不少办法的，比如富尔布莱特奖金。

我的父母和兄弟们对我做自己喜欢的事情一直都是持肯定态度的。即使这样，我一说要到美国去，我想大家还是很震惊的。当时，谁都不会考虑这种事情的，我自己也觉得很不可思议。

在天理大学，我教的是教育心理学，好像还没有人教临床心理学。开的课都是社会心理学啦、青少年心理学啦、教育心理学什么的。

这么说来，我在天理大学还教过青少年心理学。也想了不少办法，跟学生们说，你们正处青春期，最想知道自己的什么？是不是好好调查一下？

这样，统计下来，最想知道的是第一是宗教，到底是天理大学，让人佩服。第二是恋爱。

也可以做问卷，问大家，你信仰宗教吗？你对天理教[1]有什么看法？只是我不大喜欢这种做法。当时天理教的教祖芹泽光治郎写过一本很精彩的小说《教祖大人》，写透了教祖的本质。

我读了以后很喜欢这本书，还有显克微支[2]的《你往何处去》[3]和仓田百三[4]的《出家及其弟子》，也就是说基督教和佛教，一共三本，推荐给学生。我要求学生们三本都看也行，只挑自己喜欢的一本看也行，看完了写报告，说说自己是什么想法。学生报告当中有一些很有意思的，拿了念给大家听。然后再听大家的想法。记得那时候我就这么教过课。

1　天理教：日本教派神道十三派之一。天宝九年（1938）中山美伎受天启而创立。1888 年起本部设于奈良县天理市。

2　显克微支：H. Sienkiewica，1846～1916 年，波兰小说家。著有小说《你往何处去》、《十字军骑士》等。1905 年获诺贝尔文学奖。

3　《你往何处去》：1896 年出版，描写一世纪尼禄统治时期罗马帝国迫害基督徒的情景。

4　仓田百三：1891～1943 年，日本剧作家、评论家。大正时代人道宗教文学的代表人物。著有剧本《出家及其弟子》、评论集《爱和认识的出发》等。

临床心理学会的气氛

有关当时临床心理学会的情景,我现在能想起来的就是,刚开始没有多少一起做的人,一个人孤零零地从天理大学出来,到学会上发表自己的研究结果。发表完了,大家一副“什么呀”的表情。但是,慢慢地,大家开始有了好的评价。所以到现在我还是觉得学会真是个好地方。

我根本没有什么人脉。说起来不过是高桥把我从圈外边带进来,同学或者哪个导师拽了我一把这种事情从来就没有。就是自己一个人这么做着,结果也得到了大家的好评。

那时候说起心理学家,大阪大学医学部的讲师辻悟非常活跃。不知怎么,面对着辻悟我就比较能谈,可以随意地讨论很多问题。他也会很自然地接过话题,给我一定的评价。我真的认为他是一个很厉害的人。人们看我经常跟辻悟哇啦哇啦地讨论问题,也慢慢地开始认可我了。所以,尽管说学会这样那样,我还是觉得那是个难得的好地方。

最初,还是有些畏惧:天理大学来的人,在这儿有说话的地方吗?到了拿到富尔布莱特奖学金,要到美国去的时候,这种感觉已经慢慢消失了。

在东京,当然也有做罗夏测验的人。现在已经去世了,叫片口安史,当时也是非常热心地从事这项工作。有趣的是,他在精神卫生研究所工作,也不是大学里的人。从事临床心理学的人，那时候大多数都处在大学的外边，真正在大学里的，好像只有辻悟这样的精神科医生。对我来说，非常得益的是，不管是儿童咨询所，还是少年鉴别所，或者是精神病院，我跟这些在现场工作的人有密切的联系。

所以，鉴别所的事情也知道的很多。当然对儿童咨询所也很有兴趣。还是在去美国之前吧，听了林脩三的意见，到大阪的儿童咨询所去教罗夏测验方法。每周去一次。这样一个月应该有 3 000 元的报酬吧。看上去没多少，可那时候还是很高兴的。

像这种邀请外部的人到儿童咨询所来做指导的事情，在当时真不可想象。这么看来，林脩三还真是一个不拘泥于条条框框的人。现在这些都不算什么了，但真正的开端却是在这里。而且，我不过是天理大学的讲师而已，刚开始人们都很不习惯，什么呀？好在，一旦讲起来，大家就明白了，这个人还是有实力的。对来咨询的儿童，并没有见到本人，只看罗夏测验的结果谈自己的见解，就能说到点子上，这得到了大家的认可。

有关木偶戏和表演

我是在去了天理大学以后结婚的。对方是我在育英学园时的同事。

教的是地理和社会学。三年的时间,在职场天天见面,然后就结婚了。经常开玩笑,相亲相亲,我们就这样天天相互看着结的亲,所以不是恋爱结婚而是纯粹的相亲结婚。

那时候是不是成天光知道学习?其实也不是。演演木偶剧啦,吹吹长笛啦。虽说基本上是自己一个人吹,没参加正规的交响乐团之类的。

在育英高中时,木偶剧演了小川未明的《红蜡烛和美人鱼》。长笛的背景音乐请了京大的梅本尧夫作的曲,我吹的。

还有就是,我自己一点都不记得了,当时好像还录音了。阪神大地震的时候,做心理护理,临床心理师去了很多。有一家人说:"你做临床心理,那么认不认得一个叫河合隼雄的人啊?"临床心理师赶紧回答:"啊,那是我们学会的会长啊。"这时候,那人接着说:"做这么高位置了?那时候跟我们一起演木偶剧呢。"于是,把磁带拿出来听。

在天理大学也演过戏。最初的起因还是育英学园。那时候有学园祭,大家提出来光让学生做太没道理了,老师们也应该出点儿什么节目。于是,前边也说过在育英学园时我们一直在讲读法语，其中有莫里哀[1]的《屈打成医》，当时还没有翻译到日本来，我们就自己翻译演了这出戏。

还是铃木力卫的译本出版之前的事。原文应该是 Le Médecin malgré lui 吧。这个剧实在是太有意思了，所以在天理大学的学园祭上又演了一遍。全是老师演的。相当有意思的一个剧。

我没有一般性的艺术才能，不过要是好好训练的话，没准儿戏是演得好的。那时候不是有千田是也翻译的斯坦尼斯拉夫斯基的《演员自我修养》吗？读了真是感动。

1　莫里哀：1622～1673 年，法国喜剧作家、演员，法国古典主义戏剧的代表人物。著有喜剧剧本《达尔杜弗》、《唐璜》、《愤世嫉俗》、《吝啬鬼》等。

“一下下”四重奏乐队

说起音乐，那时候兄弟们一起搞了个四重奏乐队。叫“一下下四重奏乐队”。

小提琴第一部由我用长笛来吹，小提琴第二部由当齿科医生的哥哥迪雄担任。弟弟逸雄拉一种称为小中提琴的东西，就是在小提琴上绷中提琴的弦。弟弟的音乐才能比起我们来又是高出了一大截，因为从小就在学。大提琴是雅雄哥哥拉。这四个人演奏四重奏，海顿的弦乐四重奏什么的。

这个四重奏乐队的名字为什么叫“一下下”呢？因为练习的时候，一拉起来，就有人说“等一下下、等一下下”，“对不起，原谅我一下下吧”。然后有人就提议这真是一下下乐队呀，名字不错。弟弟的钢琴、长笛、小提琴都比我们水平高出一头来，那毫无疑问是这四重奏乐队的首席。他一拉出优美的和弦来，大家光顾听了，拉到一半都停下来，接着再赞叹两句：刚才这和得真是好啊。

音乐会和乌冬面的比较

因为自己已经开始挣钱了，所以比起以前来，去听音乐会的机会又多了起来。那时候听的音乐会中有一些印象非常深刻。法国指挥家让·马蒂农[1]来日本，跟NHK交响乐团一起演奏了柏辽兹[2]的《幻想交响曲》。那是我第一次听，实在让人感动。

那个时候的特等席位是800元。花了800元去听这个，回来以后晚饭吃一碗乌冬面只要10元。到食堂去吃乌冬面，看见大家吃得都是那么幸福。我就想了，花了眼前这些人的快乐的80倍的代价，我去听了《幻想交响曲》，我从中究竟感觉到80倍的快乐吗？如果没有的话，那么我花800元去听《幻想交响曲》就有些不合身份。就这么瞎想。

那时候想出来一个“快乐指数”，用快乐除以为了得到快乐花的钱。《幻想交响曲》非常令人感动，但得用800除，而乌冬面只要除以10就可以了。这样算下来，还是乌冬面的快乐指数高。

这么一算，明白了一件事情：快乐超过一定尺度，想要提高一点点就需要花好多钱。这两者不是直线的关系。如果

---

1 让·马蒂农(Jean Martinon)：1910～1976年，法国著名指挥家。

2 埃克托·柏辽兹(Louis Hector Berlioz)：1803～1869年，法国浪漫派作曲家，《幻想交响曲》为其1830年的作品。

光用这个指数来考虑问题,人就会变得非常乏味。

再说说黑胶唱片的事情。正好在我到育英学园工作时,开始出黑胶唱片了,好激动的。现在的人们可能不大理解,那之前的粗纹短盘,听一首交响乐需要六到七张盘,中间老是要换盘,这下子一张盘就可以装下了。价格是 2 300 元。我在育英的月工资是 6 868 元,一张盘要用去工资的三分之一以上,买的时候真是要好好考虑考虑的。

现在还记得很清楚,第一张盘买的是《卡门》的拔萃曲。我特别喜欢《卡门》。可是,买了以后马上就后悔。

为什么呢? 也就是说,在很多盘当中挑了这一张。刚一买到手,就觉得其他的更好。然后,就无法平静地去听这张《卡门》了,一听就懊悔:"啊……要是买了《英雄》就好了。"

从国外进来的黑胶唱片需要 3 000 元。虽说后来慢慢工资也涨了一些,花了 3 000 元买的是我很喜欢的斯特拉文斯基[1]的《彼得鲁什卡》,瑞士罗德曼交响乐团安塞美[2]指挥的。不晓得听了多少遍。

还有一个难忘的经历。NHK 交响乐团演奏的《火鸟》我在学生时代就听过。为什么当学生的时候就有机会听

---

1 斯特拉文斯基(Igor Feodro-ovich Stravinsky):1882 ~ 1971 年,美籍俄罗斯作曲家,作品众多,后文中的《火鸟》为其代表作之一。

2 欧内斯特·安塞美(Ernest Ansermet):1883 ~ 1969 年,瑞士指挥家、数学家。

N响呢？前边提到过的那个林博男的表哥叫恒松的，在N响拉第一把大提琴，所以林博男有N响的招待券，就带我去听。那是我第一次听现代音乐，说现代，也是斯特拉文斯基了。以前，一说音乐，就是贝多芬。听了《火鸟》，又是另一种感动："世上居然有这种音乐！实在是太不一样了，这个绝对得在现场听。"

谢尔顿[1]的人格理论

我们把话题再拉回来吧。我第一次接触罗夏测验，是因为藤冈喜爱给雅雄哥哥做测试。那时候开始就觉得罗夏测验特别有意思。在那之前，就已经开始学心理学了，但觉得自己离能做心理咨询差得很远，还需要对人多加了解。但是，所谓问卷法又太无聊，真是直白到无话可说。正想着还是学习投射技术吧，就遇到了罗夏测验。

雅雄哥哥倒没有对罗夏测验抱有多大兴趣。那时候，到了动物学实验室，藤冈一来，抓着谁是谁，是人就给做测试。哥哥也觉得挺有意思的，就让他给做了。听了解释，超出了我们的想象。真没想到，心理测试可以了解到这么微妙的程度。

同一时期，可能是牧康夫吧，导入了谢尔顿的气质类型理论，在人文学研究所流行起来。

那时候，藤冈是罗夏派，牧康夫是谢尔顿派。

这样，我们兄弟也受到一些谢尔顿的影响，互相之间套看谁是什么类型。结果，我是典型的头脑紧张型（Cerebrotonia），就是一天到晚神经绷得紧紧的、不得一点儿

---

1 谢尔顿（W. H. Sheldon）：1889～1977 年，美国心理学家，提出了气质类型理论（Constitutional Types），把人分为三种气质类型：内脏紧张型、身体紧张型和头脑紧张型。

放松的性格。

可是，跟这相对照，还有一些内脏紧张型（Visceroatonia）的倾向，享受衣食住、比较悠闲什么的。哥哥说我，这么看来，你现在是典型的头脑紧张型，上了年纪以后会变成内脏紧张型的。确实是这样，现在已经表现得相当明显了。会不会再变下去呢？心里有着一点小小的期待。

而且变化的方式好像也有一定的模式，看我爸爸就有这种感觉。年轻时候的照片，清瘦，头脑紧张型。可慢慢上了年纪后，胖起来了。

与鹤见俊辅相遇

那时候的人文科学研究所非常有意思。有今西锦司先生,还有鹤见俊辅、牧康夫等等。通过哥哥间接地知道那里的情况,但自己并没有直接地参与进去。所以,在我眼里,桑原武夫[1]先生绝对是一位活在另一个世界的伟大人物,自己想也不会想到能跟这样的人物直接对话。

前边提到鹤见俊辅时,说他饭也不吃成天光看书,而我见到他本人已经是很久以后的事情了。那已经是当了京大教授以后的事情。初次会面,是因为想就漫画的事情一起做一些工作,就跟多田道太郎[2]一起去见他。

为什么那么长时间没去见过鹤见俊辅呢?说起来,我比较讨厌所谓正义的化身,曾经误以为鹤见是"正义的化身",即使有些机会可能见到他,也尽量地敬而远之了。他又是个脑子非常聪明的人,又聪明又是正义的化身,这种存在跟我的距离实在遥远。可是,见了一面以后,马上知道自

---

1 桑原武夫:1904~1988年,日本法国文学、法国文化研究者。组织研究者共同研究的先驱者。1928年京都帝国大学毕业,京都大学人文科学研究所教授、所长,京都大学名誉教授。战后京都学派的中心人物。与同期的今西锦司共称为登山家,于1958年作为登山队长率京都大学山岳会登顶乔戈里峰。获法国国家功勋骑士奖、朝日文化奖、文化功劳者、文化勋章等。著述、译作繁多。

2 多田道太郎:1924~2007年,日本法国文学家、评论家。1949年京都大学文学部毕业,京都大学人文科学研究所教授,京都大学名誉教授。著述、译作繁多。

己是误解了。那个人毫无疑问脑子是非常聪明,可是,他能够理解脑子不聪明的人。这个非常难得。

比如说,牧康夫就不大搞得清楚脑子不聪明的人。自己能做到的事情,他就觉得理所当然大家都应该能做到,其实不过是只有牧康夫才能做到的事。

说来那也是个非常有意思的时代,不过我自己倒没怎么参与进去,只是专心地面对某一个人。

面对某一个个别的人,彻底地做下去的话,就会发现我们其实不得不面向整个社会。不过这个需要花时间。所以,到这时候为止,我还基本上没怎么发表过言论。

罗夏测验的诸因素

雅雄哥哥在研究猴子的社会，在这方面，我们互相激励，经常长时间谈论。

前边提到的藤冈，后来把罗夏测验应用到了人类学，即所谓精神人类学。当然，临床也在做，不过重心已经主要转移到那一方面去了。后来，刚才提到的辻悟、我和藤冈一直在关西做罗夏测验的讲习。

罗夏测验本身最根本的因素到底是什么？有关这一点，大家没少讨论。瑞士的精神科医生创造的这个测试方法，到目前为止，大家关注的都是，这样一个墨迹的图像，你看上去像什么？有的人看上去像是人脸，有的人看上去像是蝙蝠。但是，罗夏真正关注的是，他为什么看成这样？是在看形状，还是在看颜色，还是在看运动？以此为起点，事情就开始发生变化了。

画本身是静止的，如果能看出运动，就说明看的人给画人为地加上了本身没有的属性。色彩当然是原来画中就有的元素。

接着，如何看浓淡反应就是一个重要的问题。我最初开始做的时候就比较关注这个问题。罗夏本身并不太重视这一点，他主要的注意力还是放在了运动与色彩的对立上。在这当中，加入了浓淡的因素，从这三者的关系中又能看出什么呢？关于这一点，我们长期做了深入的讨论。把这些也加入检查的范围，可看到人的性格相当细微的部分。

举例来说，图形上有浓淡。这样，不单纯是浓淡，如果浓的部分看作是近景，淡的部分看作是远景，这样就有远近感。画是二维空间，这样就能看成三维空间。这样，我们要思考的就是给图形赋予这样特性的人是怎样的？

思考渐渐成熟，就发现可以把这种反应分解成各种各样更小单位的因素，组合各种因素就慢慢构筑起一个人的人格，可看到微妙之处。

而且还有连续性。第一张是怎么说的，第二张是怎么说的，第三张又是怎么说的，这是一个连续的流程，形成了联想的过程。还要从各种角度来看这些流程的变化。常人都会表现出来的反应，在比较早的阶段表现出来，还是后来才反应的，这也不同。

仔细想想，真是不可思议，不就是墨水的痕迹嘛，最好的回答应该是"墨水的痕迹"啊。可一问这看上去像什么，大家会说出很多很多来。这就是人啊。

现在还能记得一个好滑稽的人，给他看图。

问："这看上去像什么？"

回答："这东西看上去一点儿不像蝙蝠。"

问："为什么看上去不像蝙蝠呢？"

回答："这个翅膀的形状不对劲儿。"

因为这里不对劲儿，所以看上去不像蝙蝠。

就有这样一直说这个看上去不像什么的人。真的好有意思吧？还有好多其他有趣的反应的人，很多。所以，有时候我们开玩笑，说写一本《罗夏测验珍奇反应集》卖钱吧！

善于了解人的内部

那时很自然地会想到，如果仔细地研究不同时期的反应的差别，是不是能看到这个人的变化？可是，实际做了，并看不出什么变化。当然，是人啦，总归有些变化的。但是，跟其他的测验相比，简直不能说它算是变化。可以说，人的外部尽管可以变化很大，内部还是很难改变的。

前边也说了，林脩三先生研究同卵双胞胎。有一次，做了双胞胎的罗夏测验送到我这里来。我没见过这两个人，看了第一个，说：这个是精神分裂症。再看第二个，说：这个不是很清楚，但可能不是分裂症。但实际上，我说的不是很清楚的那个人倒是分裂症，说是分裂症的那个人并没有发病。我也觉得好奇怪啊，过了三个月，没发病的那个人开始发病了。

这样，不得不好好地思考了，为什么发病之前的人，在我们看来已经是分裂症了？这么看来，活动着的因素还是很容易发现的，表面上没有发病的时期，其实内部已经先行在活动了。

现在，医院雇用了不少临床心理师。可我们那时候，要想请别人做一下罗夏测验，得提着点心到医院求人。可是，做了测试以后，我谈自己的测试结果，医生听得津津有味。然后跟我说：你经常来吧，我们付钱。就这样，状况慢慢地产生了变化。

当年看了很多很多病例。到底有多少,我自己也记不清了。

走向荣格的前哨战

我们这就谈到问题的核心了。罗夏测验的解读在现在的工作中还在延续。可以说,从罗夏到荣格,一直是连在一起的。在心理疗法的背后,一定要有为了理解人而做的不懈努力。

到了美国以后,这种关联就更加紧密了。我自己最关注、最想做的事情,刚开始有点像匠人的风格,能够跟理论融合到一起,还是去美国以后的事情了。

罗夏测验做了有六年多。有些孩子非常可怜,离开了父母被送进幼儿养护机构。我到这样的养护机构去给孩子们做罗夏测验,然后再跟保育员商谈。这样的经验非常有用。

保育员每天跟孩子们生活在一起,我做的罗夏测验结果经常让保育员们感觉非常吃惊:真是这样!然后,就可以很好地去想:对这样的孩子应该这么做,等等。多的时候,我一天曾经给17个孩子做罗夏测验。那天晚上,回到家里一直睡不着觉,眼前一直晃着罗夏测验的画面。真正的拼命三郎。

保育员们也都很负责任,让我学到了不少。其中有个人说:"先生将来肯定能当京大教授。"我还笑话他:"说什么傻话!"

关于罗夏测验写过几本书,不过都是后来的事情了。

那个阶段主要在吸收一切可以吸收的事情,没有余力输出。虽说在学会上发表过一些。

所以,写书,也是过了很久的事。那时候,怎么也没想到自己将来会写书。

第四章

与异国文化相遇
——在美国的留学时代

终于赴美

1958 年(昭和三十三年)定下来要到美国去,我开始做准备。出发是第二年了,昭和三十四年。那还是一个美金兑 360 日元的年代,在日本美元很难搞到手。

交通公社[1]的人来问我:“先生,你有美金吗?”我沉吟了一下:“嗯……我主要是没有日元。”结果人家说了:“这样的话,我们公司可一点忙也帮不上啊。”

终于要渡美了,基本上大家都是乘船去的。我也整天盼着能上船,可考上富尔布莱特奖学金的全体人员当中要有两个人乘飞机。巧了,我成了这两个人之一,最终是乘飞机去的,心里好是遗憾。

事情为什么会这样,我到现在也不知道。不管怎么说,要有两个人乘飞机。那是我生平第一次乘飞机,还是螺旋桨式的飞机。

在夏威夷有六个星期的初期培训。那时候飞机还不能直接飞到夏威夷,中途在威克岛[2]停下来,然后再到夏威夷。

在威克岛降落时,真有一种深入敌后的感觉。前边说

1　交通公社:财团法人日本交通公社(Japan Travel Bureau Fundation),成立于 1912 年的日本国土交通省管辖的财团法人。主要目的为促进观光旅行的调查研究。后来成立的株式会社日本交通公社(后改名为株式会社 JTB)为其营业部门分离民营化的旅行公司。

2　威克岛:Wake Island,位于太平洋中西部、夏威夷与关岛之间,由三个岛屿构成的珊瑚礁岛,为美属军事基地。

过,我的英语不好,就这样通过的考试,所以后来的日子真是不好过,说不出来的感觉。

即使这样,还是有会说英语的日本人,看上去什么都懂,我就老跟在他后边。在威克岛降落后,在一个宾馆还是什么地方吃早饭。我到现在还能记得,服务生过来说了一通什么,那个人很爽快地说:“Oh, yes!”我也就跟着说了个Yes,可没搞明白是什么,就问:“刚才那人说的什么?”谁想到他说:“其实我也没听懂。”这总算让我一颗心放下来了:原来大家不过都这样!

在威克岛也就吃了一顿早饭,停下来只为了给飞机加油。

夏威夷的前期培训

考上富尔布莱特奖学金的人，分散在各个地方进行为期六个月的前期培训。我是在夏威夷接受这个培训的。说到底，我要去留学，英语又不好，这段时间的培训对我来说真是非常有用。在这六个星期里，跟大家讲到了美国的大学会学些什么，还做速读的练习。给每个人发些《读者文摘》什么的，然后告诉你尽可能快地去读。读好以后，做对错选择题，一旦能达到 90 分，就说 90 分的人应该还能读得更快一些。也就是说，没必要得 100 分，80 分就行了，尽量地快读、快读。这样的训练，使读书的速度真的可以越来越快。

现在还能记得，刚到夏威夷时，我十分钟读 230 个词，后来就可以读 600 多个了。

比如说 in the morning，一开始总习惯把它当成三个词来读，培训的时候就叫你把它们当作一个连在一起的词。就一直让做这样的练习。这么练练，快了好多。

在一起培训的还有两个日本人。那时候，冲绳还是外国，有冲绳、韩国、印度尼西亚、泰国、缅甸，各个国家的人都集中到一起。这下，就看得出来美国人还是相当厉害的。日本人什么发音比较困难，他们都研究得很透彻。日本人跟韩国人比较接近，这样就有专门给日本人和韩国人上的课。比如说，s 和 th、l 和 r 的区别，日本人很难分清楚，那就彻底地教。这一点，美国人的教法真是非常高明。我觉得那时候在那里接受的英语教育是很了不起的。

发音的教法也非常巧妙。比如说单词有重音，加重音的地方的元音非常重要，只要把这个记清楚，其他的元音都发成半元音好了。这些，都是非常系统地教。我因为原来英语不好，这六个星期对我来说实在太重要了。

另外，还有怎么读书、怎么写报告、美国的历史等等。还有英语作文，写好作文，老师再给你修改。

从早到晚都是培训，不过还是能抽出点时间让大家去参观。还有就是，在夏威夷嘛，总要到海里去游游泳的。我呢，一如往常，没少玩儿。不过，没日没夜的六个星期，还是累得够呛。

见到克洛普佛教授

六个月的培训结束后，我到了 UCLA（加州大学洛杉矶分校）。是因为克洛普佛教授在那里教书，我才去的。

到了 UCLA，住进了学生宿舍。两个人一间屋子，跟美国人在一起。开始的时候，真是连个玩笑也开不来。

说到我以什么资格进大学的，一开始是以研究生的身份进去的。拿富尔布莱特奖学金有两种，级别更高的是以教授的身份去的。像我这样的是全额支付的研究生。所以我成了临床心理学的研究生。

可是，我的接收对象是克洛普佛教授，那可是一个特别有资历的大先生。平时他不在洛杉矶，家在一个叫卡梅尔[1]的非常漂亮的疗养地，只有开学以后开始上课了，才到大学里来露面。

我在开学之前就到大学了，克洛普佛老师不在，不知道自己该干点儿什么。一点也没办法依赖老师。日本人，当时只能依赖着某一个老师才能出去留学。克洛普佛老师给我回过那样的信（参见前文），又给我写过各种推荐信，心里想着他肯定把什么都给我安排好了，可到了一看才知道：什么都没有。

1　卡梅尔：Carmel，加利福尼亚西北部小镇，依山傍海，距洛杉矶约500公里。

所以，只好什么都自己来。该做的事情都做好，等着老师来。就是这么一种状况。不过，这对我来说，真是一个好的历练。

我呢，算得上机灵吧，自己到处跑着利利索索地干着这些事情的时候，周围的人也找我来帮忙了。这样，竟有人问我：你来了有一年多了吧？

当然，开学以后克洛普佛教授来上课了，这也是到了快要上课时才突然出现的。

第一次见面时，克洛普佛教授握着我的手说“河合博士……”，我说自己不是博士，克洛普佛好吃惊，因为我当时已经是大学的助教授[1]了：“你怎么会没有博士学位呢？”我只好告诉他：“是的，在日本，大家基本上都没有。”然后教授又问：“在日本博士学位的条件是什么？”我告诉他：“Near to death（差不多快要死吧）。”教授听了，一阵大笑。说白了，当时日本文学部还很少给什么人授过博士学位的。

接着又搞笑了。教授问：你在日本学的什么心理学？我跟他说：clinical psychology（临床心理学），他居然说没听说过这种心理学。

这叫什么话？克洛普佛是临床心理学的教授啊。我跟他说：不就是你搞的那种心理学嘛。可还是无法沟通。

只好又使劲地跟他说：clinical，最后终于听明白了。原

1 相当于中国的副教授。

来,他一直听成了 critical(关键性的、极端重要的)。闹了半天,还是我的 li 的发音有问题,谁都没听说过 critical psychology。我又一再说不是你自己搞的那种心理学吗？他才终于想明白了：Oh, clinical。接着,就该上课了。

克洛普佛的课好让人感动

总算是可以听克洛普佛教授上课了。他平时很忙,快到上课时间才来,上好课一下子就又不见人影了。可我是靠着克洛普佛教授才来留学的,想他总要问问我:你住什么地方啦等等。谁知,还是什么也没有,上好课,一转眼就走了。

我想起了喜欢的霍夫曼的《金罐》中的一句话:"林德霍斯特,成为一只兀鹫吧,那里已难觅人影。"他给我一种超人类的感觉。

不过,克洛普佛教授的课真是很有意思。我因为常年在做罗夏测验,所以能够体会到他的课程精彩在哪里。太出色了,实在让人佩服。上着课,教授发问:"河合,你是怎么想的?"没办法,拼着我那可怜的英语,上句不接下句地发表了一通看法,就这样,得到了教授的认可。就通过这么一点点表达,他就什么都明白。

真让人觉得不可思议,虽说早就听人说他是一个直观感觉非常敏锐的人。我一直在看克洛普佛教授的书,书上写的内容都是经过逻辑性的组织以后构成的,感觉他像是一个善于说理的人,可实质却有着出色的直观能力。讲课时,也能感觉到他那种很敏锐的直观非常有特色。

比如说,有人拿来了罗夏测验的结果,当然,克洛普佛没见过那个被测验的人。只看着测验的结果,就能说出很多，而且很精彩。真让人佩服。

第三章里也提到过，在日本的时候曾为该治疗还是该诊断激烈争论过，在这儿，这根本就不是一个问题。既有诊断，诊断又跟治疗密切联系着，不可分离。而且，说诊断，也不是简单地给出一个“分裂症”的结论就算结束了。这个人的状况是这样的，我们应该如何跟他接触？这样的接触方式在这种情况下可能是危险的，等等，有关治疗的预期，也会在诊断的过程中予以充分的讨论。听着就让人激动莫名。

读荣格的入门书

另一方面,克洛普佛教授在跟我接触的过程中,为我考虑了很多,给我介绍班上的人和自己的助手。克洛普佛教授的助手是瑞典人,我们两个人经常在一起讨论。我做过不少罗夏测验,积累了不少经验,说出来,这位助手吃惊得不得了。只看罗夏测验的结果来分析的时候,克洛普佛教授经常会问到我的意见,我就只好又操起我那可怜的英语,说啊说啊。英语不漂亮,可说的内容可能抓住了本质,大家就真的很把我当回事儿。

记不太清楚是什么时候的事情了,我跟教授说:“在日本我们曾经为了诊断还是治疗争论不休,这本身就不成问题,而且我们专注于某一个活生生的人,这两者就会有机地统合起来。在这统合的背后,就是荣格的心理学。现在我终于搞明白了。”当时没明确说出来,其实我在克洛普佛教授身上也能感觉到这一点。我又说起“想学一下荣格心理学”,教授告诉我:“直接读荣格的著作,刚开始是读不懂的。可以先从别人写的有关荣格的书读起来好了。”

到现在我还记得,说完以后,他就专门领着我到了大学的书店,抽出一本企鹅图书,一个叫弗里德·福德姆写的《荣格心理学入门》,对我说:“先读读这个。”那本书的价格好像是 90 个美分,读了以后,觉得很有意思。

我因为一直在日本,思考方式总归偏向于实验心理学的方法,或者说偏向自然科学的方法。而荣格,完全不同,完全是直接逼近人的心灵。“终于找到了!”世上竟然有这样的心理学!有这样不加修饰地写人的心灵的书!读这样的书,真让人兴奋。

读下去,才发现,如果要做一个分析家,必须要更深刻地了解自己。因此,首先自己要接受分析。看到这儿,真是受到极大的冲击。现在可能已经是常识了,可我那时候根本不知道。实在吃了一惊。

这么着,我就想去接受分析。说来好笑,我那时候很担心,如果接受了分析,一下子老底儿都暴露出来怎么办?自己这么想做临床心理,要是人家说:“你这样的根本不行,还是卷铺盖走人吧,做什么临床心理学呢!”我可该怎么办呢?为此真的很不安。

接受斯皮格尔曼的分析

就这样,想接受心理分析又感到很恐惧。犹豫不决时,有一天跟克洛普佛教授的助手聊天,就跟他说起这件事,他说自己也在接受心理分析。听他这么一说,我也就磨磨唧唧地说:"我也挺想接受分析,可还是挺害怕的。"

然后,过了两天,克洛普佛教授直接打电话给我,问:"听说你想接受心理分析?"这时候日本人的本性又显露出来了,拉不下面子说自己没有明确地提过这样的要求,只好答应:是的。结果教授说:"这样的话,我已经替你找好人了。"

我实在是吃惊,到了这地步,怎么也说不出来:"其实我本来的意思不是这样的。"就这样,接下来的事情不容我分辨就顺势都定下来了,我去见克洛普佛的弟子斯皮格尔曼。

记得这是在克洛普佛手下学习了两三个月以后的事情。也可能更早一些,反正我自己的感觉是很早。

斯皮格尔曼的事务所在比弗利山庄[1],到底是有钱的分析家,跟常人就是不同。我乘公车去那里,Beverly Hills 的发音不那么容易,所以,上车下车还真费了点劲。

心里老是害怕接受分析露出老底儿怎么办,去的时候

1 Beverly Hills,洛杉矶著名的富豪居住的区域,多为好莱坞电影明星、球星、财阀等。

真是有点胆战心惊。可见到斯皮格尔曼，胆怯的心情一下子就消失了，面对他可以像平常一样平静地谈论自己。用专业术语这就叫“移情”，就这么一瞬间我们建立了很深的关系。

到现在还很佩服斯皮格尔曼，我的英语不很流畅，可他都听得懂。我本来对自己就比较有兴趣，说起自己，真是话题不断。努力让对方了解自己，真是一件令人愉快的事情。

斯皮格尔曼听了以后说：“好，我知道了。咱们可以开始分析了，下周把你的梦带来。”荣格派非常重视梦的分析，我当时根本不知道这些，立刻跳起来：“这叫什么呀，像梦这么不科学的东西，怎么能让人相信？”

“说起来，我是因为在日本听高中孩子们的烦恼，觉得不能随便乱回答，要给孩子们一个正确的科学的答案，才开始学临床心理学的。在日本，大家都搞些非科学的东西，因为美国是科学的国家，我才跑了来的。到这儿了，居然说什么梦？真让人想不到。”

这时候，斯皮格尔曼说了：“你觉得梦不科学，你做了多少调查才这么说的？”我回答说：“这种东西，没调查过。”于是，斯皮格尔曼说：“你还根本没调查，就断定它非科学，这是一种非常非科学的做法。所以，还是做做看吧。一个月、两个月都行，做了以后还是觉得太傻了，随时可中断。在自己经验的基础上，再来判断它科学还是不科学，好吗？”这么一说，我心里很佩服：不错，说得真好。“这样，我做做试试，可是不做梦的话怎么办?”斯皮格尔曼回答我:“不用担心，肯定会做的。”

斯皮格尔曼是克洛普佛的弟子中的一个，他经克洛普佛介绍，到苏黎世的荣格研究所拿到分析师资格后刚回到美国。也就是这时候，我到他那里去了。

1 美元的分析费

我还得说一件事,那就是分析费。那时候的行情大概是一个小时25美元,相当贵。我一个月拿到的奖学金记得是170美元左右吧,一个月四个小时的分析费就是100美元。

这样,斯皮格尔曼问我:“你能付多少?”我说:“一个月有170美金,不过这是一件很重要的事情,我愿意尽我可能的极限支付。”斯皮格尔曼说那就一个小时1美元吧。

我刚开口说:“这怎么可以?”斯皮格尔曼就打断我:“别说了,你还得买书,还需要在美国旅行,丰富你的见闻。这些都考虑进去的话,1美元就可以了。”这实在让我太感动了,离开之前郑重地谢了他。

回去以后,慢慢想想,心里越来越不安。在我看来,这绝对是一件对不起人的事情。也就是说,他对我做的事情非常有价值,我应该尽我最大的可能来支付。说极端点儿,即使为了接受这个分析把我全部的钱都用上,接下来不吃不喝都没关系,这是我的人生观。这件事,我想了好久好久。

过了一阵,做梦,主题是分析费。就这个梦,斯皮格尔曼问我是怎么想的。我说:“我还是很纠结1美元的分析费这件事。按道理,对我这么有价值的一件事,我应该尽我全部才对,哪怕没吃没喝。可现在,我不光吃得挺好,还想到处去旅游,这个1美元实在让人心里不安。"

斯皮格尔曼说"我不在乎",接着问:"你又为什么要在乎呢?"也就是说拿钱的这一方一点都不在意,你为什么要在意呢?我心想:是这样啊?但还是说服不了自己,就跟他说:"你说得很有道理,但是我还是想不通。不过我的英语现在说不清楚。"也就是说:"我现在无法跟你争辩,让我想一个星期再来。"

一周以后,我到斯皮格尔曼那里跟他说:"你是收钱的,可以说我不在乎,1美元就可以了。这么说是有意义的。但是我不能什么也不想,我要什么也不想就不对劲儿了。"

也就是说,按斯皮格尔曼的说法,我作为一个留学生,是应该买书、应该旅行,他为我考虑到所有的这些,确实是一件非常难得的事情。你在做这么好的一件事,如果你不在乎,我也就可以不在意的话,这件好事就会被风化。"你可以不在乎,我可得永远在乎下去才对。"斯皮格尔曼听了好高兴:"明白了,明白了。"然后说:"这样的话,你就一直在乎下去吧。不过,分析费还是1美元不变。"

"将来不知道在日本,还是在其他地方,你现在做的事情,我也会照样去做的。这虽然不是直接对你支付报酬,但是吸取了你做的这件事情的意义。"斯皮格尔曼听了真的非常高兴。当然,后来实际上我也确实这么在做。

你到荣格研究所去吧

斯皮格尔曼是德国的犹太人，克洛普佛也是德国犹太人。两个人都是为了逃脱希特勒的追杀逃亡到美国来的。所以两个人的英语都有很重的德国口音，叫我也是"Kavai—"[1]。一次克洛普佛上课，美国人都听不懂，只有我听懂了，克洛普佛高兴了："看，我说得没错吧，要不 Kavai—怎么听懂了？"

照我看来，自己因英语差，简直自卑到极点。虽然好不容易到了美国，也不太一个人跟克洛普佛见面，在班上有时候操着几句蹩脚的英语说不了多少，居然，克洛普佛就这么认可了我。实在太不可思议了。

接下来更让人吃惊，我去斯皮格尔曼那儿有十趟左右，斯皮格尔曼跟克洛普佛商量以后说：你绝对应该到荣格研究所去，拿了资格，做一个荣格派的分析家。

我说："这简直无法想象，我为了到美国来已经拼上一条命了。"那时候对我来说，分析家就像云端的人物一样，哪里是我可以伸手努力的。"我从来就没有想过自己要去做个分析家。你们为什么要这么说？你们对我有什么了解？根本不知道我是什么人，你们怎么可以决定这样的事？"接下来斯皮格尔曼说的话我一直不会忘掉："你的梦我不是

1　河合的日语发音应该为 Kawai。

已经听过十回了吗？听过十回你的梦，还有什么不明白的？”这些，我现在也明白了，我的梦确实讲述了很多很多。

当然，我知道荣格这个人物的存在。不过前边说到看荣格入门书的事情，就知道，我并没有仔细认真地学习过荣格的思想、方法。

去美国之前，就在哪里听说过克洛普佛原来是弗洛伊德派，后来转向荣格。也泛泛地想过，既然要到克洛普佛那里去，得看看荣格的书。

那时候，日本的德国文学先驱高桥义孝先生等人翻译的《荣格著作集》，由日本教文社出版了。我就读这套书，可惜，什么也没看懂。理解不了，读的内容一点留不下印象。只有当中一本《心理类型》看上去非常有意思。

可是，面前这两个人好像把我都看透了。我也是后来才听说的，他们认为“河合不适合美国的大学”。刚开始想让我在 UCLA 拿博士学位的，随后发现我颇为适合欧洲。结论就变成了：与其在这里拿博士学位，还不如直接到欧洲去见分析家。

学科的讲座和考试

在 UCLA,有很多课都是用小组研讨会的方式进行的。这样,学生们最多也就十四五人在一起。当然在那里还要上很多课,不过,对我来说,新鲜事情真不少,很有意思。

再有,我一直是个比较好事儿的,学校里的课到处去听。特想知道美国是怎么教学的。这些后来都非常有用。

比如说,学校开青年心理学、临床心理学等等,还有人格心理学什么的。这些都跑去听。这些对后来自己再教书的时候非常有帮助。

当然,念书还是相当辛苦的。英语首先不过关,有些懂,有些不懂。不过上课还基本上都能听懂。

还有一件有意思的事情,我顺便又去修了统计学。这对我来说太轻松了,可美国的学生不擅长统计学的人很多。考试卷子发下来,我得了 100 分,那些美国学生看了吃惊得不得了。

美国学生,通常都必须表现得很活跃。先生说了句什么,大家马上举手表达自己的意见。我呢,虽然都听得懂,可一直沉默着。他们看来,一个好奇怪的东方人,一声不吭地听着,这么难的东西,肯定听不懂。可是,居然拿了 100 分。他们真是好吃惊:你都能得 100 分,为什么一直不吭声啊?我只好告诉他们:"你们想想啊,如果都明白了还有什么好说的?如果不明白又怎么知道该说什么?所以我一直不吭声啊。”他们听了，目瞪口呆的。

在日本，主流还是实验心理学，而在美国，临床心理学的思想渗透的范围已经很广了，对我来说，上课的内容实在太吸引人了。那时候学的东西，包括教科书、笔记都对我以后在日本大学教书帮助不少。

有趣的是，那时候，在美国其实还是有纯粹的行为心理学的，克洛普佛比较特殊罢了。荣格派的人通常都不在大学当教授，这一点，克洛普佛也很特别。我呢，很偶然地到他那里去了，从遥远的日本到他门下来学习，克洛普佛教授真是高兴得不得了。

还有，这是更后边的事情了，我即使在考试前也还照样去看歌剧什么的，玩得好凶。可是考试老比别人考得好，老拿 A。这样，我的室友开始得神经官能症：自己怎么学也拿不到好分数，这个成天玩的家伙竟拿 100 分！

教师的力量

如果说跟日本大学本质不同的地方，是美国出色的教学方式。

还有一点让我佩服的是，美国那些研究生们，总爱无节制地提些好无聊的问题。我老是觉得，这些傻问题有什么好问的，自己在家里查一下不就行了？这类问题，一点不嫌寒碜的在人前问。而且，教授居然还就一个个回答！一边回答，一边还是把自己要教的内容扎扎实实地教下去。这简直是太惊人了，真的很棒。连这个也做不到的话，那就不能够称为教授。就这样，一边尽量让人们自由地开口说话，一边把知识的体系构筑起来。这种气氛下，大家都有一种特爱说话的癖好。

可是在日本，大庭广众下，太傻的问题谁也不好意思说出口，人们只能提有水平的问题，所以慢慢地都变得没精打采的，谁也不说话了。那时候，我就在想，如果比起研究生学习的水平，没准儿日本人挺会学的。可要比教授的水平，那就一下子不知道差到哪儿去了。主要还是因为日本没有自由吧。当时，我真是这么想的。

这种情形，可能到了今天也没有什么本质的变化。但当年对我来说，真是一个了不起的体验。回到日本讲课的时候，一开始，我就很认真地做讲义细节，做得非常细。到了京大以后也是这样。当然，这些都应该是做教师最起码该做的事情。

还有一件事情让人好佩服。在研究生的小组研讨课上，有投射测验，老师说今天教人物画测验，让大家画一个人物像。于是，十五六个学生开始各画各的。老师走出教室并没有再看大家画，回来以后说，刚才画男的人物的现在开始画女的，刚才画女的现在开始画男的。画的时候也不看。然后，拿着收上来的大家的画，一个个猜是谁画的。基本上都猜对了，只有一组错了，剩下都准确无误地发回各自的手里。

这个教授叫希汉。接着，教授就开始解释为什么能猜到。如果看这一点的话，就会明白这个什么的。大家都很佩服。

希汉的课很受欢迎，选的人多，分成两个班上。我听着有劲，每节课都去听两遍。这样我就又去听他下一节课。

但做一样的事情，可有好些还是怎么也猜不对。希汉说："你们这里边有听过上一节课的人吧？"大家说，"是的，我们听过啦"。听过老师说的知道他怎么分析，就好骗了。大家都故意画得很奇怪。希汉说："你们还挺会要手腕呢。"这种教授和学生的关系也让我感到新鲜。

成为克洛普佛的助手

后来,克洛普佛到哪儿都经常带着我。克洛普佛在UCLA的课一上完,立马上车就不见人影了。他在医院做指导,结束了也是马上去其他什么地方了。这些时候他都带着我,实在是很难得的体验。

克洛普佛就这么忙,午饭经常买些三明治在车里吃。他说“我给你也买来了”,我就跟他一起在车里吃好了出发。我说“先生真够忙的”,他一脸理所当然的表情:“我是分析家啊!”就这样,我看到了一个切切实实的作为分析家的人的自我意识。原来在美国,分析家是这样工作的。认识到这一点,对我来说,真是一个不同寻常的体验。

我基本上一直在UCLA,不过富尔布莱特奖学金只有一年,一年以后大家都回去了。但是,克洛普佛让我做他的研究助手。做研究助手工资很不错,于是本来说好的三个月的研究助手又延长了三个月,结果在美国待了一年半。比起前边的一年,后边的半年过得更加充实。因为最初那一年,我把很多精力都花在适应新环境上,英语又不怎么行。

助手制度

说起研究助手,那就完全是字面的意思:研究工作的助手。可我同时还当着教学助手,这个工作内容基本上就是给克洛普佛的罗夏测验的课程当助理。克洛普佛先生已经是著名的教授,自己不亲自做罗夏测验了。所以由我来出测验的题目,评分数,克洛普佛只上课。

现在当然不这样了,可那时候还遗留着日本战败的余波,日本人还是很受歧视的,真佩服他竟然有勇气用我当他的助手。我自己呢,英语还很蹩脚。但是只要牵扯到罗夏测验,克洛普佛还是很把我当回事儿的。

有意思的是,我当教学助手,大家都知道是我给评分的。这样,那些以前不大多看我一眼的美国研究生也没事儿就来讨好我。看来这种事情,在异国也是一样的啊。

研究生经过教授推荐,才能当教学助手。不过报酬却很少。教学助手拿的像是小时工资一样,而研究助手的报酬要高得多。

我回国以后,极力主张在日本也建立研究助手的制度。后来文部省有了这个意思,总算搞起来了,现在日本也有了像样的制度。从我回国那时候起就一直在说这件事。因为这对研究生很好,教授也能得到很大的帮助,是纯粹的好事儿。当然,需要花些钱。

这么看来,渡美之前一直在研究的罗夏测验充分发挥了它的价值,终于开花结果了。我把一直思考的事情说了出来,得到了认可,并且有更宽阔的视野来思考。

在美国,临床心理学已经有了一席之地,有很多研究生在大学里学习,资格制度也很完善,工作场所也很明确,大家都能在很好的地方就职。研究生们基本上都自立地生活,到哪里去实习,实习的地方就会出相应的报酬。我想在日本做同样的事情,可真是费了不少劲。现在要好多了。所以,我刚去美国的时候,对这种环境羡慕得不得了。

痛切地体验到自己是日本人

最初到美国的时候,深切地感到了文化的差异。另外还有一点,是不同意义上的强烈的文化冲击。

我这个人比较崇尚西方,哲学、音乐、戏剧,不管什么都是西方的。电影也是光看西方电影。我自己也是这么认为的,可跑到美国一看,终于让我明白了自己最终还是一个日本人。几乎所有的层面都跟人家不同。也有些人可能感觉不到这些,可我的感觉非常强烈。

感受最多的,这事儿说来经常让人发笑,比如说去参加晚会,人家问我:"你想喝什么?"这时候我总是犯晕,脑子里不能马上浮现出自己想喝的东西。比起自己想喝什么,想得更多的是我在这儿说什么比较合适呢?这样就发现了一个不能爽快地回答这种问题的自己。说到底还是到了一个跟日本完全不一样的地方啊。

还有就是,送别人什么东西,日本人总是担心别人是不是中意这件礼物,说出来的话总是表达出这样的意思。而在美国,总归认为人家会喜欢自己的东西,张嘴就是:"I hope ...。"我马上就感觉到人们说的句型跟自己习惯的不一样,老得提醒自己:对了,以后得改口说"I hope ..."。

可是,有意识地去改,慢慢就会觉得很累。这也没法儿,硬去过跟自己本性不同的人生,不累才怪呢。这么一来,光是日本人聚在一起的时候,我们一边吃着茶泡饭,一边说着“傻老美……”，讲讲美国人的坏话，立刻精神气儿就来了。

我去留学的时代，像我这样考上富尔布莱特奖学金去念研究生或是访问教授的，都很用功地在读书。还有一些是家里有钱的少爷，找了什么路子来到美国做些副业——当然是隐秘的——可以挣到跟日本没法比的大钱。我呢，跟这两种群体的人混得都很熟。

日美思考的原理不同

就这样,对美国人思考问题的方式有了一些了解。他们基本上是明确地建立一个清晰的自我,以自我为出发点思考问题。相比之下,日本人总是在与周围的牵连当中思考,也就是说在关系和整体状况中把自己表现出来。这种差异实在鲜明。

我们不能说哪一种好哪一种坏,只能归结为大家思考的原理不同。我当时是这么想的。很幸运,那时候我已经开始接受分析了,在分析当中,把这种想法拿出来跟斯皮格尔曼讨论了不少。

一对一地接受分析,话很容易说通,不知不觉地就忘了对方是美国人。会在分析的时候毫不介意地就说美国人太浅薄了等等。就这样在无意识的情况下随便乱说,渐渐加深了对自己的认识。

接受分析几个月后,觉得"已经不要紧了",就去听斯皮格尔曼的课。一般情况下,接受分析的最初阶段要避免跟分析家在一般社交场面接触。虽说"已经不要紧了",可第一次看到他站在讲坛上开始讲课,还是吓了我一跳。说到底,这个人根子上还是个美国人啊。

捡到匈牙利硬币的梦

开始接受分析后,遇到很多发人深省的事情。比如说,要接受梦的解析。我一开始觉得不会做什么梦的,可真做了那种很有深意的梦。真是吃了一惊。梦本身很有趣,可我自己一点儿也搞不清楚有什么意义。

这样,我就把自己的梦说给斯皮格尔曼听。我以为我说了自己的梦,他就会给我一个解释的。可是,他不。他问我,对这个梦,我自己有什么联想。在说自己的联想的过程中,自己就会慢慢感觉到些什么。他会把你说的内容变换一种叙述方式再说给你听。

比如说,印象最深的是一个很长的梦。在长长的梦中,我捡到了一枚匈牙利的硬币,很了不起的硬币。我认为是匈牙利的硬币吧,拿起来一看,上边印着仙人,不禁好意外地想"欸?"

斯皮格尔曼就问我了:有关匈牙利你会联想到什么?我说:匈牙利是处于东方和西方的中间,在我的感觉中应该偏西方一些,音乐呢又跟日本很接近。斯皮格尔曼接着说:嗯,不错,你在东方和西方连接的地方收获了珍贵的东西。他就这样把你的话换一种说法。把我的联想加进去,梦也就稍微起些变化。这让我有茅塞顿开的感觉。

然后,再看仙人,我自然联想到老子。我的哥哥当中就有很喜欢老子的。我对老子也抱有很浓厚的兴趣。斯皮格尔曼说：在东、西方之间要能够获得珍贵的东西，其中老庄的思想一定会有很重要的意义。这样被他换种说法，我立刻就能明白：啊，是这么回事！这个，他简直做得太水到渠成了。现在，过了这么多年，我不正是当年说的那样吗？从这些来看，我想那时候他就认定了：Kawai 一定是个为东方和西方而工作的人。

在很多很多年以后，我请他到日本来，他第一次说起我到他那里去之前他也做过一个梦，梦中，太阳从西边升起来了。于是他想着，在美国的西边一定会发生很有意思的事情。然后，我就出现了。对我的到来，他充满期待。这话听来简直巧合到像是编的一样。

我就这样，待了一年半，去美国对我的一生来说都意义非凡。

阿帕支族[1]的巫师

再来说说那半年我当研究助手的事情。最初,有人做了印第安人中巫师和普通人的罗夏测验,把结果送到克洛普佛那里。印第安人指的是现在说的美国原住民。克洛普佛做判断的时候,我给他当助手。可实际上,克洛普佛全交给我了。这样,我就有了全部的数据。

那是阿帕支族。我看了所有的阿帕支族的罗夏测验资料,经过思考、分析,然后写成报告提交出来。克洛普佛几乎没做修改就当作论文提交了出去。

克洛普佛的伟大之处在于,将我的名字正式地署在这些论文中,直到现在还留在《投射法学报》里。

这个论文的划时代意义在于,以前人们认为巫师都是些有分症或是歇斯底里症状的人,问题只是在于给他们的疾病加上个什么样的名称。我在罗夏测验的结果中看到的却是,巫师比起一般的人,更加优秀,有着非常丰富的人格。当然,这当中是有一些非常扭曲,也就是病态的人。

再说得详细一些,有些自称巫师的人,也就是得不到他人承认的巫师,都比较病态,而自他都认可的巫师,在他们

1　阿帕支族:北美印第安人的一个部族。20 世纪初之前,因白人的入侵而失去居住地。现居住在美国亚利桑那州、新墨西哥州。语言为阿萨帕斯坎语。

的部族里都是些人格相当健全的人。

现在这些论点可能更像是一种常识,但这在那个年代,还是非常独特的见解。而且有趣的是,我并没有见到任何一位那个部族的人,只是看罗夏测验的结果。

这么说来,荣格当时也分析过普韦布洛印第安人[1],我近期也会到纳瓦霍族去。荣格那时候就对印第安人有很高的评价,可惜没引起任何人的关注。

---

1 普韦布洛:北美西南部的印第安人的一个部落,定居务农,曾形成过印第安人中较发达的文化。

跟洛杉矶交响乐团的人学长笛

一年半的美国生活、学术以外，还有一些印象很深的事情。其中最重要的还是音乐吧。

首先，可以花费很少就听到音乐。洛杉矶交响乐团的定期演奏，如果买演出季的套票，学生票只要 1.5 美元就可以听一次。而且，虽说是三楼以上的位置，可总会有人不来，第二个曲子就可以移动到楼下的好位置去了。这样，一个不漏，都去听了。实在是棒。

没怎么跟美国的学生一起演奏过，不过长笛还是一直在吹的。

对了对了，还有一个好玩的事情。研究生随便选什么学部的课程都是免费的，大学里有音乐学部的长笛专业，我就去修这门课。这才发现，洛杉矶交响乐团的演奏者在这里当兼职教师。我吹了一曲，也不知道什么地方那么有意思，老师听了高兴得不得了，问我：你要不要买更好的长笛？我只好跟他说："不知道你是怎么想的，我在日本的大学当副教授，一个月的工资是 150 美元。"他一听，说："那还是不用买了吧。"

因为这个原因，虽说他开始很看好我，可我既没有时间练习，当然也没有什么超人的音乐天才，过了一阵子也就不大搭理我了。不过，和音乐学部的学生混在一起，跟着这个人学长笛这件事本身倒是很有意思的。一开始他还问我，要不要到他家里去学呢！

有人对我说，你跟着他去的话，没准就成了音乐家呢。可我知道自己才能有限，还是先退下来了。

还有一件让人兴奋的事是旧金山歌剧团来演出。记得每年来四次，我基本上都去听了。有施瓦茨科普夫[1]唱莫扎特的《唐璜》，实在是精彩。

那时候，在日本还不大听得到这些，这一点，我真是很占先了。而且都是按着自己的欣赏阶段去听的。如果一开始就去听旧金山歌剧团，以后大概就很少感动了。可我最初看的是宝塚歌剧团，接着是藤原歌剧，然后才去的美国。因此我的感动是渐进式的。

在美国第一次听了瓦格纳。以前是在根本不知道他的情况下，听过《罗恩格林》和《纽伦堡的名歌手》。简直对瓦格纳到了入迷的状态：在这世界上居然有这样美妙的音乐存在！然后，还有理查德·施特劳斯的《没有影子的女人》，这也好让我感动。就这样，发现一个一个新事物，感动一个跟着一个。

---

1 伊丽莎白·施瓦茨科普夫（Olga Maria Elisabeth Frederike Schwarzkopf）：1915～2006年，德国歌剧女高音演员，尤其擅长莫扎特和理查德·施特劳斯的歌剧。

美术馆巡游

还有一件大事。我在学生时代就很喜欢音乐，可对绘画却一点没兴趣。

我考上富尔布莱特奖学金去美国之前，日本在办凡·高展。那时候，大阪儿童咨询所的人说是要给我办送别会。他们说普通的送别会也太没劲了，办一个去看凡·高展的送别会吧。看了凡·高展才发现：啊！这么厉害啊！

这样，一下子对绘画产生了兴趣，到了美国，没少花时间去转美术馆。

记不得跟克洛普佛相识以后多长时间，在 UCLA 有夏加尔[1]的画展。现在想来，同样作为犹太人，克洛普佛肯定自己也想去看夏加尔的画。一天跟我说“今天，我带你去一个有意思的地方”，就把我带到夏加尔的展示会上。那一看，又是一阵感动，从此，就不断地去看绘画。

但是，我不是一个感觉很敏锐的人，毕竟原来是学数学的，什么都愿意用脑子去想。所以听音乐，也马上去找书来看。觉得读书就可以了解音乐的历史、学一些理论。到了再看画的时候，我想不要再这么干了。于是什么书都不看，

1　夏加尔(Marc Chagall)：1887～1985年，犹太画家、版画家。生于俄国，擅长印象风景画。俄国革命时来到巴黎，二战时移居美国之后又回到法国，余生在法国度过。

只管看自己喜欢的画就是了。这也有这样的有趣之处。

看画过程中最让我吃惊的是毕加索。我看到一幅很有意思的画,想着好有意思啊,一看是毕加索。再看到一幅完全趣味不同的画,想着很不错啊,一看还是毕加索。心想:这大叔,好不简单!

然后旅行到了纽约,一进现代美术馆(Museum of Modern Art),更是吃惊得不得了。这里排列着在日本不可想象的毕加索啦、马蒂斯啦,太让人吃惊了:这可都是真品啊!

荣格派的人喜欢画的比较多。读荣格的书,总有画的话题出现。所以,这样看很多很多原画,真是受益匪浅。不过我当时还是什么也不知道,只看自己喜欢的画。

不管怎么说，做了不少事

因为没有钱，旅行得不多。不过就这样，我还是尽量地节约，到纽约、华盛顿、费城和芝加哥转了一圈。回程是12月31日从芝加哥乘慢车回到洛杉矶。

大概花了整整两天。“到底是美国啊，这么大。”乘着火车，怎么走，景色都不变。而且离开芝加哥的时候，密西西比河结着冰，到了洛杉矶，橘子熟了。

跟日本太不一样了，为什么会跟这样的国家交战呢？我那时候这样开玩笑说。因为家里人都在日本，独自来到美国的我可以这么随心所欲地干自己的事。

在UCLA留学的还有学哲学的坂本百大，和现在也是荣格分析家的目幸默仟，三个人给日裔二代教日语。跟这些二代人熟悉了以后，他们说全靠你们，我们开始喜欢日本了。听了这话，真让人高兴。

目幸是作为日本人第二个得到荣格派分析家资格的。我在瑞士的奖学金结束后，目幸接着就到荣格研究所来了。所以交往的时间很长。后来他到美国奋斗，在美国做了教授，真是不简单。

话题再回到UCLA。很滑稽的是，在研究生院你想干什么都行。暑假，我就去学社交舞。因为在美国有些课程是按学生要求设置的，这里边就有社交舞。我去学这个，觉得很有意思。而且美国人的教法也让我佩服。

在日本，要教你跳舞，得先把脚步路线画好，让你照着一、二、三地走。可这里，谁也不干这个，只是让你跟着音乐走，一直走一直走，走着走着，变换一下脚步，恰恰两下。

这样，一开始学的是恰恰恰，一、二恰恰，“好了，你不是已经会了吗?”就这样子一直教下去。自己也觉得：“嘿，跳得真不赖呀!”在高高兴兴、自由自在中学得挺好。

我还学了探戈。每种舞都有各自的道理可说，恰恰恰，要注意肩膀以上不能动，头上像顶着东西一样，探戈则是斗牛士躲避牛冲过来的动作，动作要锋利爽快。就这样学了不少舞，虽说现在啥用场也派不上。

用英语学德语

说起来,最后半年我还用英语学德语来着。挺有意思的。初级很简单就考试通过了。中级读了沙米索[1]的《丢失了影子的男人》(《彼得·史勒米尔奇遇记》),我也是这才知道这本书的,没想到这么有意思。

只是上到中级就没再学下去。所以学得不多,会话也没学。

比较困惑的是,担当翻译的美国学生用的英语好难懂,当然这也没什么不好,只是我一点儿不懂。那真是好惨,所以没有好好地读到结束。一回日本,马上就去买了一本岩波文库。

那时候的留学形式,基本上就是不管经济还是其他的学科,都是学习对方的模式。只是我的有点儿不一样,可能是因为跟着克洛普佛先生的缘故吧,并不是学了美国式的临床心理学就回来了。虽然课程都很有意思,听了不少,不过不是学对方的模式,我好像有点想学什么就学点什么,无拘无束的。

---

1 沙米索(Adelbert von Chamisso):1781~1838年,德国浪漫派诗人、植物学家。著有小说《彼得·史勒米尔奇遇记》、组诗《妇女的爱情和生活》。

迅速决定

第一年有富尔布莱特奖学金,第二年就没有了。但是因为要上研究生院,需要办免学费的手续。申请交上去,一个星期以后“免除学费”的通知就来了。

我以为跟日本一样,总得有个面谈的过程。其实不去管它也没什么不行,可我呢,总归比较好事儿,就跑到办公室去问:“为什么免除了我的学费?”回答我:“看了你的文件觉得应该免除,就免除了。”我又问:“你们也不问一问经济状况什么的? 有些学习成绩不好,但经济上有困难的人你们就不管吗?”结果那个人告诉我:“学习又不好,经济状况又不好,那就没必要到这儿来了。”这话实在是给人印象太深了。

回到日本以后,我也特想对着学生说一次这样的话,可真说出来没准儿让人给杀了呢。

体验这样的文化差异,真是有意思。我比较多事儿,碰到这样的机会肯定会跑去问个水落石出。

还有有趣的,UCLA 的水平很高,有些日本人在那儿不好好学,光玩儿。于是学校通知:你下个学期的分数达不到什么程度就退学了。而且,就这么一行字。那人收到通知,心想真能吓唬人,没当回事儿。下个学期结束后又来了一行字通知:你已经退学了。

那人吓坏了,赶紧找学生咨询部门。那里的人说知道了，我再帮你想办法。想想这也是美国好的地方，什么事情都可以咨询。

以日本人的感觉，学生咨询部门的人说知道了，那肯定是会帮着做什么的。可到时候，那个人去了，人家说："对了，某某某，你到某某大学去吧，我们给你找到了最适合你的念书很容易的学校。"那人没气疯了："你们答应过的，这算什么？！"这边觉得说的跟做的不一样啊，可对方看来说的跟做的没什么不一致的。

双方争执不下，就把我叫去说明情况。我只好解释："在日本如果你说接下来了，就意味着你会帮着解决这个问题。也就是说会想办法让你留在这个学校。"这样，对方总算让步了："明白了，就让他再待一个学期。"跟他们一解释，日本的文化是这样的，马上就同意了，可原则不能让步："下个学期如果成绩还不好就退学。"结果那人又玩了一学期回日本了。

不是近代科学,而是现象学的接近法

还有一点不得不说,学术上,我感觉到,美国人把信仰融进了科学里。

比如说,来咨询的人问:“我该怎么办啊?”专家说:“你走这条路。”大家就会很顺从地听专家的话。这就是对专门知识的一种绝对的信赖。

日本人就不这样啦,你跟人家说“你应该学理科”,人家会说“我还是喜欢文科”。而在美国,大家就会毫无怨言地听从心理测验的结果。这,可以说是一种对科学的信仰。

那时候,弗洛伊德的精神分析理论最强势。当时的美国人都认为,既然精神分析理论是正确的,那就是绝对正确。我认为这是一种信仰。

为什么这么说呢?那时候大家的想法还不是很明确,可我明白,这绝不是自然科学。但美国人认为这是科学,必须服从。我感觉这也太奇怪了吧,一直在想怎么把这件事搞清楚。

正这么想的时候,克洛普佛说了:罗夏测验是一种现象学的接近法,并不是一般的科学方法。听了这个,我好激动:到底是先驱者。

前面也提到,当时的心理学以近代科学为基础,很多人认为我们也应该用科学的态度来研究罗夏测验。克洛普佛说这不同于近代科学的方法论。像投射法,很多场合都不允许单纯的对象化。也就是说,测验的人和被测验的人的关系会掺和进来,再考虑到每一个人的特性,把它简单地概念化或是泛化就不太可能了。不去设想存在着一个定律这样的大前提,而是将一个一个现象忠实地记述下来就变得非常重要。这样一来,如果想把哪一部分舍弃掉,找到一些能够泛化的内容,就必须从更加根本的地方来详细地重新认识每一个个别现象。

于是,用所谓自然科学的方法来讨论罗夏测验,是得不出有意义的结论的。这就是克洛普佛的想法。这也是我在方法论上得到的一个大发现。

那还是 1961 年,非常先驱的想法。所以,我觉得自己知道了一件很重要的事情。在这个意义上,同样可以说克洛普佛是一个很伟大的人。

自我强度

还有一件难以忘怀的事情。在美国,临床心理学也同样需要做研究拿到博士学位(Ph. D.),才可以取得临床心理师的资格。可是,大学里拿博士学位的研究生课程,跟以往的所谓客观科学的操作方式没有什么不同,而临床心理本质上跟这些又不同。

只好做些实验看看,调查调查做些统计,这样就能得到一些数据结果。然后通过假设做这样的实验性的验证,就得出了这样的结果后,把这些个整理成论文,就好拿Ph. D. 了。

可是,为了拿 Ph. D. 而做的研究,在当了临床心理师以后,没有一点儿用。作为临床心理师,重要的是构筑人和人之间的关系。

这样,临床心理学的研究生们聚到一起,越说越气愤。我们被强迫着做这些毫无意义的研究,为了 Ph. D. 做的研究对以后没有一点儿用。

到了克洛普佛来上课的时候,大家群起而上:为什么我们被逼着做这些?现在做的研究对以后当临床家有什么用?可是克洛普佛居然说有用!大家又追究:有什么用?克洛普佛回答:对锻炼大家作为一个临床心理师的自我强度来说,有用!一听这个,我又开始感动了。也就是说,作为一个临床心理家,为确立足够坚强的自我就需要这样,虽然做的研究内容本身什么用都没有。克洛普佛就是这么说的。刚才还吵吵闹闹的美国的研究生们,让这一句话镇得都闭嘴了。

克洛普佛发怒的威力

马上就到了美国留学的最后阶段了，发生了一件很触动我的事情。克洛普佛这个人经常被人称为“桥梁”，也就是说，跟弗洛伊德派关系很好，当然跟荣格派关系也很好。两个学派通过他联系在一起。还有，跟大学里的人很好，跟医院的人也很好，又作为桥梁把这两个群体联系在一起。而且，不管说什么他都笑眯眯的。对我来说，他又是一个连接东方和西方的桥梁。我甚至觉得他面对那么多人也太老好人了。

然后，我当了他的教学助手，跟美国人的关系也越来越密切。大家一起杂谈，人们抱怨克洛普佛的课没什么用。

我觉得他的课有意思得不得了，说起投射法的历史，会讲到很多别人意识不到的事情。比如说，荣格的联想测验的背后有着这样的思想，跟我们现在讲的投射法在这一点上是相通的等等。可美国人看起来觉得没用，因为不是实际当中能用的手法。

美国的研究生们都知道克洛普佛是罗夏测验的泰斗，都想听他讲罗夏测验的实际话题。可他的课总是进展不到这一步，没什么实例的内容，净是些历史、本质论什么的。

我却难得能听到这样的内容，听得津津有味，可美国学生都在嘟嘟囔囔地发泄不满：克洛普佛多讲些实例多好。我心里想着真傻，但还是跟克洛普佛说了：“先生知道不知道,大家对你的课很有意见,说最好多讲些实际当中罗夏测验的解释什么的。大家都特想知道这些。”先生说:“是吗?多亏你说给我听。”

下堂课,先生站在那帮研究生面前,逼问:“我听 Kawai 说你们好像有什么要说给我听的,站出来说说。”这阵势,就算是美国的学生,也没人敢吭声,大家都沉默着低下头。这一来,老师不干了,拍桌子怒吼:“沉默? 这个沉默该怎么解释?!”那发怒的样子真是太帅了。这大叔也会发火? 想到这一点我高兴得不得了。当然,平时的笑眯眯也不是装的。

这样,总算有比较胆大的站起来说了自己的想法。克洛普佛一直专心地听着,然后说:“我知道你们的想法了,让我考虑考虑。”后来我跟老师说:“这么看来,有怨言的学生其实都是热心学习的人。”老师说:“我也这么想。”

这样,下一次课就做了些变动,多讲些美国学生们爱听的实例。不过,当时发火的那架势,真棒。

用罗夏测验推算生存年数

当时,克洛普佛所做的研究在美国已得到广泛的认可,评价非常高。还有一位叫贝克,说到罗夏测验,不是克洛普佛就是贝克。克洛普佛的业绩有目共睹,大家都知道。他的课程会很系统地网罗所有的基本知识,非常有意思,可是美国的学生们比较现实,等不及。

关于克洛普佛,又想起来一件让我感动的事情。因为这件事,他的声名大噪。当时,对癌症患者是不通告病情的,不过,医生是知道个大概的,这个人还能活多久,三个月或者一年。可实际上,有些人的生存时间跟医生预计的有差异。为什么会有这种差异呢?克洛普佛就跟医生联合做研究。

这时候,又轮到罗夏测验发挥威力了。克洛普佛并不跟患者见面,只看患者的罗夏测验结果进行分类:这个人会比医生预计的活得长,这个人会比医生说的活得短。分得很准,用罗夏测验。

当然不是乱猜,这里有克洛普佛的理论。非常简单地说,就是有意识地抵抗的人死得快。因为非常强烈地有意识地去抵抗的人,往往会过分消耗导致早死。

放弃了抵抗的人,分彻底放弃和妄想型放弃,比如说,“自己肯定没得癌”、“吃了这个药肯定能治好”什么的,从心底里相信这些的人比医生预计的要活得长。也就是说,完全放弃和妄想型放弃的人都活得长。

看罗夏测验,很容易看出来哪些人有强烈的抵抗意识。用我们的话来说,就是自我防卫意识很强的人,这种类型的人比医生预想的要死得早。很准的。

不是因果关系，而是共时性

一次，克洛普佛看到一个人的测验结果，说这人非常放得开，一定比医生预测的要活得长。这人从医生那儿知道情况后，说："我明白了，本来就想着这一辈子要周游世界一圈儿的，那我跟妻子去旅行啦。"然后，乘上豪华客轮，悠悠哉哉世界一周转回来后，再检查，发现癌都退缩了。这种现象，现在还依然有。

克洛普佛跟我们说起这件事，"这个人悠哉游哉地旅行回来，癌症也好了"。我单纯地认为："是啊，到底心情会影响身体的，心灵达到了这种状态，癌症也会好的。"这时克洛普佛就指出来："不要听了这样的例子，马上就认为心情会影响身体。这种想法很浅薄。"为什么这么说呢？如果这种立论成立的话，那么凡是这样的人，癌症都应该好了才对啊。可现实并不是这样。用因果关系来总结这种事例是错误的。

接着，克洛普佛又说道："思考心灵和身体的问题时，能够说明这一点的是最近荣格提倡的共时性（synchronicity）。"这是我第一次听到共时性这个词儿，想着应该是非常重要的事情，于是去读了荣格的关于共时性的论文。

共时性就是要找出非因果关系的关联的意义。说得好懂一些，就是有意义的偶然一致现象。比如说，梦中的场景在现实中出现。这时候，不能用因果关系去解释，应该用共时性的观点来思考。也就是说，自然发生的很多现象单纯用因果定律是无法把握的，我们不得不用共时性原理来思考问题。我在受到这种思想冲击的同时，凭直觉意识到这样的思考不仅对今后的心理疗法，而且对人类的科学都是极其重要的。

但是，回到日本以后的很长一段时间，我对这个话题一直都保持着缄默。不谨慎地发言，肯定会被误解。不过那是我第一次听到“共时性”这个词，印象很深刻。

荣格派在美国属于少数派

那个时候，不仅是罗夏测验，对克洛普佛的荣格派也认可了它们学问上的近亲关系。因为克洛普佛是荣格派的重要的分析家。

也就是说，那个时代，在美国荣格派已经获得了市民权，虽说是少数派的市民权。克洛普佛真是例外中的例外。那是相当的少数派。

又想起一件事。我在接受斯皮格尔曼的分析过程中，渐渐地开始喜欢上了荣格。这样，斯皮格尔曼就带我到荣格派的演讲会、俱乐部去。

可是，一到那里，我就起了过敏反应。半陷入信仰的家伙们可不少，因为还是少数派吧。这么着，我现在还记得跟斯皮格尔曼说过："我喜欢荣格，可是不喜欢荣格派那些人。"斯皮格尔曼说："我明白。"我到了那种场合，不想跟这些人发生纠葛，尽可能地躲在一边儿。

这样，就有一个人走过来，自我介绍说叫马克斯·瑞拉。他也是德国犹太人，从德国逃亡过来的有名的分析家。"我叫马克斯·瑞拉，你是从日本来的吧？我特别喜欢日本的一本书。"我问他是什么书，他说是奥根·海瑞格[1]的《箭

1　奥根·海瑞格：Eugen Herrigel，20 世纪 20 年代旅居日本的德国哲学家，跟箭道大师通过射箭钻研禅学，以行动来直接切入禅学。他是把禅学带到欧洲的第一人，《箭术与禅心》为其最重要著作。

术与禅心》。说自己读过,问我读过没有。我说自己在中学二年级的时候读的。岩波出的小册子。那本书是我最上边的哥哥仁(就是给我寄岩波文库的哥哥)推荐给我读的。还是战争中的事情,在心中留下了很深的印象。顺便说一句,我在《阴影的现象学》(1976 年思索社出版)中,关于这本书,讨论了不少。

因为留下很深的印象,所以瑞拉一提起这本书,我就跟他说,我读过,用日语认真地读过。他听了很高兴,接着谈话内容就多了起来。我当时觉得,这个人感觉还挺好的。

在美国,荣格派迅速得到理解是进入 20 世纪 70 年代以后的事情。在那之前,完全是少数派。那时候,荣格派的教授,全美国也只有克洛普佛一个人吧。

就这样在美国待了一年半,然后先回到日本。快要回日本的时候,克洛普佛跟斯皮格尔曼给荣格研究所写了推荐信。实在太让人惊奇了,仅仅凭这两个人的推荐,荣格研究所就决定给我奖学金。两个人把推荐信的复印件给了我,我到现在还保存着留作纪念。这件事也让我深感在欧美世界推荐信的威力。

因为需要做准备,就先回日本了。前前后后准备了一年,接着就到瑞士去了。

第五章

通向分析家的道路
——在荣格研究所的三年

为了成为国际一流的人

从美国回来到去瑞士的这一年中,我回到了天理大学。这期间,做治疗,也做研究。虽说自己经历过,但给别人解析梦,还是没有自信,从来没做过。

有意思的是,即使在普通的咨询场合,比起以前,理解的程度更加深了。这一点感觉很明显。

罗夏测验和咨询我都在做。但是,与以前相比我的感觉是,理解有了不同,也更容易体会了。

因为要准备到瑞士去,我就学德语。从美国带回来不少荣格的书,这段时间真是下功夫在钻研。

另外,为了不要在瑞士花不必要的钱,在日本把要穿的衣服都买全了。

再有,有关去瑞士的旅费,还有些有趣的事情。奖学金只有在瑞士生活的费用,不给到瑞士去的旅费。可是,当时,一家人到瑞士的旅费,可以在奈良的学园都市车站前连土地带房子买一栋独栋的住宅了。有个先生就来跟我说:"你已经到美国去过一年半了,过一段时间就能转到京大去。如果现在到瑞士去上三年,再回到日本来还不知又变成什么样了呢。有这些钱,还不如好好置个家,在日本待着。"原话可能不是这样,不过真是这么劝我来着。

不光是这个先生,其实还有不少人说了类似的话。不过,我自己倒是毫不动摇,想法一点儿没变。到底在美国见识过那么多心理治疗家,心里明白,不做出超常的努力,根本不要想跟别人站在一个平台上说话。这个想法非常明确。简单说来,就是要做一个能与世界相通的人,别人怎么劝,都没当回事儿。不过,那可真是好大一笔钱啊。

60 年代初期在瑞士留学的意义

在荣格研究所取得分析家的资格最少需要三年。我想自己一定要在最短的时间内就拿到资格回来。

但是,要离开日本整整三年,在那个时代还真是需要相当的精神准备的。而且,带着全家人一起去,在当时真是一件大事。所以很多亲戚朋友来送行,就像以前送军人出征似的。

出发是 1962 年(昭和三十七年)。正好一年前,也就是在我回到日本的那一年,荣格去世了。所以我是没有见过荣格的。不过,荣格去世以后的荣格派比起荣格在世时,要变得自由的多了。有人说在这个意义上,反倒可能算是我的幸运。

当时,跟朋友们说起要到荣格研究所去留学,大家的反应都是要去真学点儿什么的感觉,但谁都不知道荣格研究所到底是个什么地方。不过,专门做心理治疗的人就知道了:日本人当中也应该出一个能拿到资格的人啊。所以,这些人对我的期待是很高的,特别是年轻人。

有关荣格,在日本也没多少人知道。只有高桥义孝先生为首的研究德国文学的人翻译的五本一套的日本教文社的《荣格选集》。所以,荣格的著作应该还没多少人读过。

不过,还好那时候在天理大学。虽然出去留学的这段时间拿不到工资,学校答应我回来之后还可以在这里工作。

这对我来说太幸运了。一般这样出去,就会失去工作,而我只是停职三年,回来以后还有工作位置留给我。当然,作为回报,需要我在天理大学继续工作几年。这样,我回来以后又在天理大学工作了几年。

兄弟们倒是非常赞同这件事:既然是自己想干的事情,就什么也别想,好好去做。如果钱成问题的话,我们来援助你。确实,他们有这个实力,都是医生嘛。不过。我接受兄弟们援助倒是从瑞士回来以后的事情,买地、买房子什么的。去之前还没怎么依赖他们。

我就这样去了瑞士。去倒是去了,可从此过上了没什么钱的日子。

既然拿着奖学金

我在美国的分析师不是斯皮格尔曼吗？他有个朋友叫杰姆斯·希尔曼（他的著作翻译到日本的有不少，也到日本来过，在日本比较有名），是荣格研究所的学习指导，怎么说呢，类似于教务主任吧。

前边说过，我因为有斯皮格尔曼和克洛普佛的推荐信，所以拿到了荣格研究所的奖学金。

后来才知道，拿到这么多钱的只有我一个人。太让人吃惊了。过了一阵子，一个美国人因为我一个拿的钱太多提意见了："为什么给 Kawai 那么多钱？"结果人家只回答了一句："你跟 Kawai 差远了"，就完了。

只有我一个人拿的钱多，这种状况下，不管怎么说，我都得比别人更努力才行。所以，我绝对不去做兼职。按我的想法，拿着奖学金，不好好学习，出去做兼职挣钱，太不像话。事实上，即使做一点点兼职，生活就会舒服很多。这事看上去很固执，但即使到今天，基本上我还是喜欢这样。

不过，只有一次，我做过翻译。这事好搞笑。在那里有一个关系很好的人，某一天发来电报让我赶快到飞机场去。想着出了什么事儿，赶过去一看才知道，是同姓的别人[1]。那个人要做比较难的工作，想让瑞士的大使馆推荐一个人

1　日本人姓氏的种类比较多，通常称呼姓，不称呼全名。

做口译,大使馆就跟他说了我的名字。已经去了,也没办法,只好说"来就干吧",就这样做了一次翻译。那次,拿了不少钱。后来经常开玩笑,如果我就这样继续做翻译挣钱的话,人生会怎么样呢?不过到最后,兼职挣钱的事情也只有做翻译的这一回。

1 法郎的书立

这样,不管是买家具什么的,我都尽量节省。可能现在还有那个店吧,叫 Broken House,人们几乎不要钱,把自己家里不用的东西捐出去,然后需要的人可以用很便宜的价格买。我就经常到那里去买家具。那时买的 1 法郎的书立,现在还很当心地在用着。

当时的 1 法郎,现在感觉相当于 1 000 日元吧,也可能更便宜一些。

买这个书立的时候的事情还记得很清楚。这个书立折叠起来挺有意思的,收钱的人看到我,就把它稍微敲坏一点儿,真的只敲坏了一点点,然后说:"这个已经坏了,给 1 法郎吧。"这跟斯皮格尔曼的 1 美元的分析费有着神似之处。这样的好意,我遇到过不少。

然后,反正也用不着床,就光买了席梦思的垫子来,放在地上睡。

找房子倒是费了不少劲。苏黎世市区的房子很贵,根本不可能租到,只能到乡下找。这样在从苏黎世过来需要转一次车的一个叫迪尔斯多夫的村子里找到了一家。住到了迪尔斯多夫来,房租便宜了不少。

再怎么便宜,从荣格研究所拿到的奖学金,三分之一用来交房租,三分之一付分析费,剩下的三分之一全家人吃饭。所以,从没进过饭馆。

不过,食物很便宜,只要买来自己做,什么好吃的东西都能吃到,倒没有觉得自己日子过得穷。分析费也给我便宜了不少,虽说便宜了不少,但也还是笔大支出。

基本上,就过了三年这样的日子。这期间,不光有刚才说的在 Broken House 的经历,也有周围瑞士人的温厚人情。

迪尔斯多夫是乡下,最初对外来人保持着一定距离,根本不接触,甚至以一种戒备的眼光看着我们一家人,是那种远远看着的感觉。当然更不怎么说话了。过了一年半左右,才相互慢慢变得熟悉起来。这种样子,跟日本的乡下没什么区别。

后来关系近了,大家都知道那个家伙原来是教授啊。在瑞士,教授的地位非常高,见面就是:“你好啊,教授!”不过走到这一步的路程真不短。

这么一来,大家就看不过去我穿的衣服、靴子什么的。这些在日本都是很正儿八经的冬装,瑞士人一看,冬天就穿这个?实在太可怜了,就送给我很多暖和的衣服。当我第三个孩子出生的时候,还借给我们摇篮啊什么的,几乎是婴儿用的所有东西。还给了不少餐具、厨房用品。这也是经过了很长时间,慢慢走到这一步的。真是人生一个很好的体验。这一点,跟美国完全不一样。美国,从去的当天起大家就像是朋友一样了。

就这样,虽然尽可能地节约,但并没过什么贫穷的日子。

我去荣格研究所的时候一直用包袱皮[1]，包着《今昔物语》等岩波文库的书什么的，在去研究所的电车上看。因为我乘的车从迪尔斯多夫到苏黎世加上换车，需要40分钟左右的时间。

迪尔斯多夫是一个风光明媚的美丽地方，我跟孩子们一起散步呀、玩儿呀，过得相当愉快。从这个意义上说，真是很充裕的生活。

1　包袱皮：日本常用于包装东西的正方形布，尺寸从90厘米至220厘米左右。通常图案漂亮，针对不同形状的物品可以有各种不同的包装方法，使用灵活。既可以自用，也可以包装礼品赠送他人。

接待日本客人

我们住的迪尔斯多夫这个小村庄，再往前走17公里就是德国了。因为房租便宜就挑了这里。因为房间很多，经常有日本人来住。甚至有人管这里叫“河合家庭旅馆”。

为什么会这样呢？那个年代，日本人到了国外都不适应，很快就受不了了。到我们家里来，把意大利面像乌冬面一样地煮来吃，把豆子磨碎做豆沙年糕。虽然都是些假冒日本食品，可大家吃得很高兴。一个传一个的，来的人越来越多。

在我们家，就开始流行说“今天小入迷要来”，或者“小抑郁来了”。日本的客人，大多数人要么有些狂热、要么有些抑郁。我们说成“小入迷”的客人，都非常生气勃勃，“欧洲真是太伟大了”、“慕尼黑的歌德之家如何如何”，有的没的说起来没完。还有些人给我们看幻灯片，看幻灯片倒是挺好，可看着看着自己都搞不清楚了：这是哪儿来着？因为入迷、亢奋，总有什么地方显得轻佻。而“小抑郁们”则像蔫了的菜叶子一样，没精打采，吃吃我家的冒牌日本料理，一下子就打起精神来了。

有意思的是，有的时候来些很有名的日本教授，总觉得哪儿看上去稀里糊涂、踉踉跄跄的。比如说，下午两点来了，这边客气一句：“午饭吃了吗？”吭吭哧哧地：“不好意思，其实我真的还没吃午饭。”妻子只好赶紧站起来急急忙忙地再去做饭。然后，狼吞虎咽地吃一大堆意大利乌冬面之类的。

相比较而言，那时候的年轻人适应能力强，也懂礼貌得多。我现在经常说："现在的年轻人真懂事儿，反倒是有地位的不怎么样。"其实，不是地位高的人不懂礼貌，而是累过头了，筋疲力尽。

这样的人来了，为了让他们放松放松、振作起来，会带他们到日内瓦、伯尔尼（瑞士的首都）去玩。我的火车票钱也是同行人付的，借此机会我还去登了山。

至少三年的必修课程

前边说过,想取得分析家的资格,至少需要三年时间,这是雷打不动的,太短了肯定不行。三年当中,要接受规定时间的分析,还有很多必修的课程,还有中期考试。通过了中期考试以后,可以在自己接受分析的同时,开始给别人做分析,这个至少要做250小时。像这样的必修课程还有好多。想把这些全部通过,三年时间是最起码的。

我可能创造了一个最短时间的纪录。大家花的时间还要长。我因为原来就在美国接受过一年半的分析,这些研究所都给我算进去的。

三年,某种意义上来说很长,换个角度看看,其实又很短。对我来说,真是一段非常珍贵的时光。比如说,最初,集中精力在接受分析上,基本上不大有机会接受外界的影响,大多数时间跟自己的孩子在玩儿,一个星期接受两次,多的时候三次分析。

即使这样,开始的时候还是成天觉得很疲劳。跟在日本的时候比起来,又没有到处跑,又没有每天在工作,怎么会这么累呢?一说起这个,分析师迈耶说我了:"你一个星期不是在接受两次分析啊,能不累吗?"也就是说,接受分析本身,就是一个非常耗费能量的事情,需要超出一般水平地去集中你的注意力。

没有入门教育的开始

当时的荣格研究所，规模还很小。边上有个女子学校，后来到荣格研究所来的日本人，最初都毫无例外地会找到女子学校去。说是研究所，看上去就像是一个普通人家一样，有个教室，再有就是面试的房间。先生们谁都不常在这儿，大家都作为分析师开业，要上课的时候跑过来上课。这儿平常只有一个做事务的女职员。

现在可大变样了。有很多留学生从世界各地到这里，地方也变了，看上去好气派。我再去的时候吃了一惊："变成这样了啊！"只有门口的招牌还是原先那块小小的。

我最初去的时候，正好中午休息，连做事务的职员也不在。再去了，"啊，你是河合啊？"就这么一句。

接着，从找住的地方开始，什么都是自己一个人在弄。更何况，关于你今后该搞什么研究，根本没任何人来指点你一下。后来听希尔曼好神气地说起来："刚到这里来没有人指导，有些不适应的美国人气得马上就跑回去了。这样正好，这是最好的办法。"

也就是说，这实际上成为一种"加入仪式[1]"，如果自己无法适应的话，那就只好随你的便了。

1　加入仪式：文化人类学概念。在未开化社会里加入某一集团时，为承认其社会或宗教地位的改变而采取的种种行为。多数伴有仪式，比如日本古时男子成年的冠礼以及成年仪式、成人仪式等。

自己选择分析师

现在已经变了不少,我在的时候,能够做教育分析的先生有九个人。所谓教育分析家,是指能够做为了取得资格而必需的训练型的分析,属于分析家中特别资深、经验丰富的人。你想在这九个人中找某一位做你的分析老师,需要自己去约时间见老师。你可以把九位先生都见一遍,选自己希望的人,你选了 A 老师,但如果 A 老师不愿意给你做,也会遭到拒绝的。就是这样一个程序。

我想接受分析时,因为不论是克洛普佛还是斯皮格尔曼都说你绝对要找迈耶先生。所以我不带任何犹豫的,就去找了迈耶先生,别的老师见都没见。

接受分析,既可以用英语,也可以用德语。我是用的英语。上课也是德语、英语都行,考试也全部都是德语或是英语。到后来,法语也可以了。我在那里的时候,除了英语、德语,其他都不行。我选的课基本上都去上英语班,有的时候,为了学语言,也到德语班上去听课。

那时候的所长叫里克林,很有意思的一个人。我后来跟着他接受后边要讲到的教育督导,这个督导,是用德语做的。

分析做到后边的阶段,也开始用德语了。为什么要这样呢? 因为我要取得资格的话,自己也需要做分析,这就必须要用到德语呀。既然这个程度的德语是必需的,只能从现在开始就早做准备了。

但是,自己的考试,写的报告、论文却都是英语。因为从美国过去的,英语还是顺手的。

就这样,我以分析为中心,还在很多先生的课程里边选自己想听的去上。接着是中期考试,一共要考八门课。过了这一关,就可以一边接受分析,一边开始给别人做分析了。

没想到会这么难,刚开始真是吃了一惊。但是我心态一直都比较平和,没多久就适应了。而且不管怎么说,我不是在接受分析吗？也就是说,自己最关心的事情,边上总有一个人是可以随时请教商谈的,这对我帮助很大。另外,那些课程也特别有意思。

各个领域的领头人来上课

研究所的课程都是些自己开业的分析家在上。有的时候也会请其他地方的人来。比如说非常有名的社会人类学家列维·斯特劳斯,神学的保罗·特里希,还有研究英国美术史的哈佛·里德等等,都来上过课。这些都是特别讲座,非常有意思,大家都去听。还有苏黎世大学的宗教学、民族学的先生们也来开课。这些课都要考试,全是必修课。

除了上边说的,因为是荣格派,所以还有《情结论》、《精神医学》、《梦的解析》、《传说故事》等课程。讲《传说故事》的是在日本也很知名的冯·弗兰茨女士。她的课很受人喜爱,听的人可能最多吧。为什么呢?荣格研究所的课程,其他地方的人都可以来听。这样,冯·弗兰茨先生的课,来听课的学生多到在荣格研究所里边已经没法上了。

上课,有的只有十个人来听,有的是六七十个人,真是各种各样。比如说,精神病理学,只有需要考取资格的人才需要听,一般也就六七个人。

学生们的国籍,除了欧洲的,还有巴西、韩国各个国家的,当中还是美国人最多。我跟韩国一位叫李符永的慢慢熟悉起来,他在韩国也是第一个拿到荣格分析家资格的人。

我在那里的时候,想要取得资格的人,每年也就那么两三个。东方人,在我之前有一位印度人,我去的时候已经拿到资格不在那里了。算下来,东方人中,我是第二个,日本人中排第一个吧。

冯·弗兰茨先生的讲座

听了弗兰茨先生的课，让我好佩服。怎么说呢，关于童话、传说故事，我有一个从小就解不开的疑问：格林童话中的《金鸟》，王子老是不听狐狸的话，一遍不听话，事情搞糟了，还不听话，又把事情搞糟。为什么这样一遍又一遍的不改正呢？

还有，我很喜欢《鸫胡子国王》。故事开始的部分，写公主是一个很狂妄的人，后来被乞丐整得要死要活。刚开始还觉得好有劲，再看下去就觉得公主好可怜，也没必要把她整成这样吧。冯·弗兰茨的课上，正好拿《鸫胡子国王》做例子，讲得非常精细，解决了我从小的所有疑问。这样，我就特别喜欢上她的课。因为从来都没听到过任何人在任何场合跟我说过这些。这些疑问，居然可以用学术性的角度来思考，以前想都没有想到过。老师在系统地讲授学问的同时，解决了我埋在心里多年的疑惑，感觉特爽快。那真是相当有水平的名家课程。

冯·弗兰茨的父亲应该是到过日本，所以她对日本也抱有些特殊感情。我只是在课堂上默默地听课，但她好像对我特别注意。

过了一阵子，我跟她交谈的时候，她说："你肯定没想到会有这种童话的课程吧？"我说："这倒不。我小的时候就非常喜欢童话、故事，听了你的课，终于让我放下了从小就抱着的疑惑。”她一听：“哇！是这样？”高兴得不得了。

还是这时候，她问我：“荣格研究所的无意识，没把你搞懵了吧？”也就是说，在荣格研究所，谁都成天把无意识挂在嘴上，这个无意识、那个无意识的，其实当时普通的心理学，并不把无意识当回事儿。我回答她：“无意识，我从小就知道。倒是荣格研究所的意识把我给搞懵了。”她一听，更高兴了，很赞同我：“我知道，对于东方人是这样的。”有关无意识，对日本人来说，通过佛教什么的，从小就能感受到不少。面对无意识一点用不着畏缩，倒是我们看西方的意识，搞不明白的东西太多。

还有一个老师叫芭芭拉·汉娜，这个芭芭拉·汉娜和冯·弗兰茨两人的课大受欢迎，好像是教坛双璧，每次教室都是挤得满满当当的。我去听过一节芭芭拉·汉娜的课，好像不大合胃口，听不出什么趣味，就没再去。芭芭拉·汉娜和冯·弗兰茨两个人关系非常好。

荣格说过，独身的女性，上了年纪最好能两个人一起生活。也就是说每个人是完全独立的，但要设一个两人共同的空间。这样面对危险，或者其他事情，都会有好处。芭芭拉·汉娜和冯·弗兰茨两人就合住在很大的一栋房子里，两个人关系就这么好。

虽然那时候没听芭芭拉·汉娜的课，读了她写的一本关于猫的书（Barbara Hannah, *The Cat, Dog and Horse Lectures*, Chiron Publications, Illinois），倒很有意思。不过，

在荣格研究所的时候,芭芭拉·汉娜张口闭口"荣格老先生云云……",听上去真不舒服。

再说说荣格研究所的课程。人类学家保罗·拉丁,我受他影响很深。在他的课上,听到"加入仪式"、"恶作剧精灵"这些说法,特兴奋:"原来还有这种思想!"在心理学当中,这两个观点都很重要,特别是"加入仪式"。来做心理治疗的人,从"加入仪式"的观点来看,都可以归类为没有做好该做的"加入仪式",所以我就在想回到日本以后是不是可以比较快地就能谈论这个问题了。

而"恶作剧精灵",我自己对这个特别感兴趣,后来也思考了很多。但总觉得把这个拿到日本的公众场合去说,肯定说不通。很长时间我都是这么以为的。可读了山口昌男写的《非洲的神话世界》(1971 年出版),突然觉得这下有救了!实在太让人兴奋了。如果单单自己一个人鼓吹,还是很费劲的,有了这样的著作,我就能跟大家说:"你可以去看一下岩波新书的什么什么",多好!

这么一来,有关文化人类学家讲的内容,我最早在日本的公开场合讲的是"加入仪式",一直觉得加入仪式的观点应该是最能够得到大家的认可的。前一阵子查了一下,关于加入仪式最早发表的论文是 1975 年,也就是说,即使这样,回国以后,我还是沉默了有十年时间。

可变的规则

荣格研究所是1948年(昭和二十三年)创立的,我去留学是研究所成立十几年后的事情了。斯皮格尔曼正是这里的第一期毕业生,我接受了他的分析以后来到这里。

其实,当初为了研究所成立与否争论得很激烈。荣格本人认为成立个研究所,做出一个有形的东西并不好。

但另外一方认为一定要做出一个规规矩矩的牢固有形的东西。讨论争辩了很长时间,最终结论是成立研究所。对成立研究所,荣格自己非常抵触,所以,成立以后也尽可能地注意不要搞得太正规、形式化了。

有些事情很有意思。比如说,要取得资格,需要对别人做分析。按规定在一定期间内,对分析的内容做实例研究,至少需要做三次报告。可有些人反对这条规定,认为自己绝对重视分析,这些内容跟自己的导师可以说,但绝不能拿到大家面前,哪怕是小范围的公开发表。资格评定委员听了他的想法,就说:“行啊,那你就不用讲了。”你只要有勇气去抗议,经常规则也是可以变的。真有意思。

心理学各种流派和平共处

京大的上山安敏[1]调查了19世纪末以来的情况,发现在苏黎世的附近存在各种各样不同的心理学流派(《神话和科学——欧洲知识社会:世纪末至20世纪》,1984年,岩波书店出版)。还有各类的团体,特别是在苏黎世附近最多。不用说,那时候有弗洛伊德、存在分析的梅达特·鲍斯[2],还有日本不大知道的臧迪[3]等。

梅达特·鲍斯主张的存在分析来自海德格尔[4]的哲学。最早提出这种思想和名词的是路德维希·宾斯万格[5],作为与自然科学性的人类理解的对立面,宾斯万格提出了"现象学的人类学",也就是说,不把患者作为一个客观的对象来

1　上山安敏:1925年日本兵库县生,1953年京都大学法学部毕业。法学者,京都大学名誉教授。专业领域为西方法制史、法社会史、法思想史。社会史手法的著述多种。

2　梅达特·鲍斯(Medard Boss):1903~1990年,瑞士精神分析家,存在分析学的创始人之一。采用海德格尔的存在主义哲学观点,解释了人类的"在世之在"的本质和各种经验。在心理治疗实践中坚持运用现象学方法。

3　臧迪(Léopold Szondi):1893~1986年,匈牙利精神病学家。以"投射测验法"(Szondi test)而闻名。

4　海德格尔(Martin Heidegger):1889~1976年,德国哲学家,20世纪存在主义哲学的创始人。在重新审视自古以来的存在论的基础上,创立和提倡其独特的基础存在论这一存在哲学。主要著作有《存在与时间》等。

5　路德维希·宾斯万格(Ludwig Binswanger):1881~1966年,瑞士精神病学家,出身于瑞士显赫的精神病学家的家庭。创立了结合现象学、存在主义哲学和心理分析学的精神病研究方法。

看，而是重视和这个“人”的联系，把全体的状况用现象学的手法来把握。在论述这些观点的时候，其特点就是以海德格尔的基础存在论作为大前提。

这些流派，很相似的一点，就是大家都有自己的私立研究所。比较有趣的是，大学并不是一个具有实践性的地方，你一边在大学里学习，但真的想要实际做些什么，还是得到研究所去。

但这些研究所，是不是都得到了广泛的承认、获得了该有的市民权呢？现实情况又不是非常清晰。虽说后来在职业性上，渐渐有了清晰的轮廓，可在我去的那个时代，还没有达到这个程度。因此，一搞不好，没准儿就演变成有些狂热信仰的宗教团体。当时也有些成天口称“荣格大师”、吹捧信奉的人。

但我比较高兴的是，迈耶并没有对荣格抱有这样的感觉，还是能够比较客观地看待事物。

说起来，好像还很随意地说过荣格的坏话呢，比如说荣格不怎么懂音乐啦什么的。不过，荣格到了别的信奉者嘴里，那简直就是神。讲师当中有一些人，只要一说“荣格先生说的”，那简直就基本上跟“上帝的启示”是一个意思。

虽然确实有些师从于这样讲师的人。不过荣格研究所有意思的是，人人都很有个性，这些分析家在大庭广众之下，丝毫不避讳地争论、吵架，却依然能够共存，这很有意思。上课的时候，在学生面前照样说自己的分析家同事“坏话”的也大有人在。

到精神病疗养院实习

现在想想,为什么苏黎世会集中那么多深层心理学的团体呢? 可能因为瑞士是一个内向型的国家吧。在那种山上生活的瑞士人性格肯定也是比较偏内向的。刚才提到的不管是梅达特·鲍斯还是宾斯万格,都是瑞士人。

而且,因为风光明媚,所以到处都是很高级的精神病疗养院。风景特别特别漂亮的地方,如果盖了一座特别特别漂亮的建筑,那大多都是精神病疗养院。说白了,就是全世界的有钱人都跑到这儿来治疗了。在一个叫克鲁斯林根[1]的地方,宾斯万格开了一家叫拜洛沃的有名的精神病疗养院(Bellevue Sanatorium)[2],我们就到那里去实习。

去实习的人,两个人一组,分配一个患者。两个人一起,面对一个患者做面谈,然后各自发表自己的诊断结果。然后,先生会说"这个说对了",或者批评:"你怎么会这么想的。"在精神病疗养院,会做这样的实习。

有一件事实在精彩。我的患者一直说他曾经主办过音乐节,我怎么也不能相信,总觉得他是妄想症。可实际上,他真的做过。有些事情真的很难判断,各种各样的有名人

---

1 克鲁斯林根(Kreuzlingen):瑞士博登湖畔的城市。宾斯万格出生于此。

2 该精神病疗养院由路德维希·宾斯万格的祖父(与其同名)创办。

都有可能到这里来住院。舞蹈家尼金斯基[1]也到克鲁斯林根来过。有关尼金斯基和夫人的事情,后边我们再详细说吧。

荣格研究所,跟宾斯万格、梅达特·鲍斯等流派都有交流。或者说,大家互相之间都有些关联。比如说,在宾斯万格的医院里就有一位叫菲尔茨的人,现在已经去世了,他就是荣格派的。菲尔茨是克鲁斯林根的很重要的人物,我就是到他那里去实习的。

也就是说,人和人之间的来往很密切。即使到其他的精神病疗养院去实习,虽说不是荣格派,但跟荣格派还是有各种各样联系的。

1　瓦斯拉夫·尼金斯基(Vaslav Fomich Nijinsky):1989～1950年,世界著名芭蕾舞蹈家、编导。波兰裔俄罗斯人。1914年南美巡演中与匈牙利女演员罗莫拉·普尔斯基(即后文中所述尼金斯基夫人)在布宜诺斯艾利斯闪电结婚。1919年患精神分裂症,入住疗养院,从此告别了芭蕾舞台。弗洛伊德和荣格等著名心理学家曾对他进行过治疗。

实践孕育出理论

前边说过,在苏黎世有很多流派的深层心理学派和研究所。学派不同,原则上理论和实际操作方法都应该是不同的。不过,一到面对实际场景的时候,其实又没有什么太大的区别。这一点也是有趣之处。

我去了大概两年左右,京大的精神科医生,现在已经去世了的三好郁夫,也到梅达特·鲍斯那里来了。我从他那里听到过不少事情。了解到他们也同样做梦境解析,不管是荣格派还是鲍斯的存在分析,大家都差不多。对梦的说法,也没什么大的分歧。三好经常说起来:“日本人都是在读鲍斯的书,以为他非常的哲学。其实根本不是这么回事儿,真正做起来实际得不得了。不了解这一点不行。”所以,三好回国以后,花了很大的力气普及存在分析。

三好和我,还有那时候也到了荣格研究所的樋口和彦经常在一起,互相交谈着你在做什么,我是怎么做的,很有意思。这样就明白了一件事,其实在实际操作的场合,大家没有什么太大的差异。

而且,实际面对患者,你如果不能够做出像样的分析,那就根本不成事儿。可是,读一些以这些体验为基础写出来的哲学书,那真是如坠云雾之中,什么也搞不清楚,不知道实际该是怎么做的。

荣格也是这样。你只读荣格的理论、只读荣格的哲学,其实什么也弄不懂。我实际地跑到那里去,实际地见到患者,一直持续地做分析,才能够体会到这些理论都是在临床的实例的基础上产生出来的。

什么时候接受中期考试

话说回来,我去接受分析,再上课,其实还是有很多自由时间可支配的。

研究所的教育分析是有规定的最低限度课时数的,问题是,什么时候接受中期考试呢? 一般过了一年半以后,就可以参加中期考试了。

可是,当我去问什么时候可以参加中期考试,人家给我的是一个问题:你什么时候可以准备好(When will you ready)? 意思是你自己觉得行了,就可以参加了。我呢,一年半就去参加考试的。可有很多人,在想要明确地感觉到自己已经进入“行了”的状态的过程中,时间一点点地逝去。也就是说,什么都靠你自己决定。

中期考试有八个科目,顺序考来。全部是口试问答。英语口语不很擅长的人也可以要求笔试。我呢,倒都是选择口试的。

考试官共有三人,主考官一人,副考官二人。

冯・弗兰茨和乌鸦的梦

中期考试还有一段很绝妙的插话。我从日本到瑞士去学习,这是第一次参加口头测验,自己心里也知道不好过。特别是一直听说冯・弗兰茨是有名的严格,一个一个地都给你不及格。不光是中期考试,精神病理学的考试也经常搞得很多人通不过。不过我是在日本学过精神病理学去的,所以心里很有底。但是,听到冯・弗兰茨的名字还是觉得很可怕。

这时候,做了一个梦,梦见乌鸦背上驮了一个很珍贵的宝石盒子落在我的肩膀上。这到底是什么意思呢?我去问迈耶,迈耶也说不知道。迈耶说:"我真不知道是什么意思。搞不清楚,你还是去好好查一下,至少,有关乌鸦的情况都调查一下比较好。"这样,到了荣格研究所,我查了好多好多有关乌鸦的资料。可是,最终还是只能跟迈耶说:"查了半天,这个梦,还是搞不清楚是什么意思。"

可没想到,在冯・弗兰茨的考试中,居然话题的中心是"乌鸦"。举出一个传说故事的例子,当场解释故事的意思,这故事的核心思想就在乌鸦。没辜负我查了那么多资料,这下,可有的说了。结果,可以想象,我得了最高分。

又一种共时性

这样看来，那个宝石盒子是一种象征。这事情还有后话。冯·弗兰茨是一个荣格一边倒的人，特别喜欢共时性这样的话题，不管什么都能扯上共时性。可我很讨厌这些。但这一次，简直是太精彩的共时性了，我好一阵琢磨：要不要告诉冯·弗兰茨呢？告诉她，肯定把她高兴得上房揭瓦，这也太让人不爽了。可这件事也太精彩了，心里又有点想告诉她。

这样，接下来的考试，冯·弗兰茨又是主考官。我打算考试的时候跟她说一下乌鸦的事情，诸如"那次真是太有意思了……"，就在图书馆等着。那时闲来没事就翻书看看，随便一翻开，是一张中国神话中后羿射日（三足鸟）的画，上边写着一句话：这是事实，可非常遗憾，你把它说了出来（It is true, but pity you have said it.）。真是太有意思了！于是，我打消了要告诉冯·弗兰茨的念头。

这回更是真正的共时性。随便翻开一本书就出现了这样一张画，而且那三足鸟也是一种乌鸦。这让我不胜感慨。

我其实有很多这样的逸话，说多了，会让那些人高兴过头了。

最后的资格考试合格以后，我还是把这些事都说给冯·弗兰茨听了。她听了自然格外高兴。为啥又会说起来呢？因为在资格考试的时候又发生了共时性的现象，太不可思议了,所以就跟冯·弗兰茨说了:其实那时候也发生过这样的事……不过我记得是写信给她的,因为实在是太有意思了。

凄惨的宗教考试

但也不都是好事儿,再来说点不怎么光彩的事情吧。

宗教的考试官是苏黎世大学的教授。他也来研究所讲过课,给过几本参考书。可那些书都太教科了,实在枯燥。

我为了通过荣格研究所的宗教考试,拼足了力气做准备。类似于“很多女性的形象跟基督有关联,释迦是否也有同样的现象”、“宗教的救赎和心理治疗的关系”等等大课题,事先想了不少,自己觉得做了充足的准备。

可考试官只问些参考书中的教科方面的细节问题,“这种东西,我怎么知道啊?!”结果成绩自然是惨不忍睹。

宗教得了最低分,如果没有这个,我就能以历史最高成绩通过荣格研究所的中期考试了。

后来跟迈耶说起这件事,他倒一点也不回避:“这么了无趣味的人居然是苏黎世大学的教授,我都替他感到羞耻。”

五个当事人剩下一个了

这样,一年半通过了中期考试。通过中期考试以后,就可以开始给别人做分析了,这称为“对照分析(control analysis)”。现在日本不光是分析,心理治疗的整体都在使用“督导(supervisor)”这个词儿,也就是说,一定要在督导者,也就是指导者的指导下进行。而且,做好分析必须到督导者那里去报告分析的内容,接受指导。

我真的很担心会不会没有患者愿意来。因为实在不敢想象在那个年代有人愿意接受日本人的分析。可再担心也不能明着说你们大家都来啊,正担心着呢,一个、两个、三个……偶然碰上偶然,居然有五个人愿意来,感动得让我不知道谢谁好了。

不做分析是不能取得资格的,而且至少需要做 250 个小时的分析,这是绝对不能通融的最低标准。所以来了五个患者,好不高兴。正高兴着呢,过了没多久,一个人因工作调动离开了,接着又有一个说:“就到此为止吧。”我自己轻易地就答应他“那好吧”,这也怪我自己没经验。然后,不知不觉一个跟着一个走了,就这么眨巴眼的工夫只剩下了一个。

这么一来,很明显,肯定是我有问题。因为自己的能力不足,才会出现这种情况。所以想是不是在给别人做分析之前,还是集中精力好好做一下自己的分析吧。可毕竟已经开始了,就这么放弃也有些不甘。到底该怎么办呢?真是迷茫了好一阵子。

占卜

后来怎么办了呢？占卜。我比较喜欢《易经》，一直在读。那时候已经出了英译本，用硬币就可以做。这样，我就用硬币为自己算了一卦。最下边是阳爻，其余都是阴爻。复卦。

作为易经来说，自有相应的解释。说起我当时看到这个卦的感觉，就是男性形象的虚弱。确立自己的男性形象，用荣格学说来讲就是阿尼玛的课题。不好好面对这个课题，往下是行不通的。为了能够专心做这件事，我在想是不是请这最后这一个患者也结束掉，自己目前还不是一个能够给他人做分析的人。

那时候，除了迈耶，我还同时接受一位称为弗雷博士的女性分析师的指导。弗雷因为是女性吧，真是一门心思花在我的身上。

这样，我到了弗雷博士那里跟她说："虽说有些偶然因素，可四个人都不干了，我想可能还是自己本事不够吧。在考虑是不是从头开始做起，就算了一卦。结果居然出现了这样决定性的一卦，想来想去，还是中断对他人的分析，专心于自己的内部比较好些吧？"但弗雷博士认为："好像没必要想得那么绝吧，剩下的这一个人好好做也不错啊。"不过，我还是固执地坚持自己的想法，弗雷博士说："你既然这么说了，那还是再算一卦吧。"卦是绝对不能算两遍的，只能算一遍。我说:“我已经算过一次了,不能再来一遍。”弗雷博士说:“不要紧,我不是让你自己再来,我帮你算一卦。”弗雷博士是为了我来算这一卦的。结果让我震动的是,竟然跟我自己算的完全一样。弗雷博士没再多说什么,同意我道:“你既然这么想,那我们就这么决定吧。”所以,我中断了对照分析,完全集中精力解决自己的问题。

通过追求阿尼玛原型来确立男性形象

这样过了一阵子,我觉得应该可以重新开始了。前边我自己中断的那个患者说“绝对要你来做”,正一直等着我,而一个调动工作的人也回来了,所以虽说没有五个人都回来,也一下子有了三个人。这事来来去去的真有些极端。

我是为了确立自己的男性形象,一段时间在集中精力探求阿尼玛原型。虽说对日本人来说,没有确立自己的男性形象是一件很顺理成章的事情,但来接受我分析的几乎都是西方人,人来了,你自己没有一个条理分明的强韧劲儿,事情就无法进行下去。

阿尼玛原型是荣格派的一个非常重要的概念,阿尼玛指的是灵魂,阿尼玛原型就是男性心中的女性意象。我们无法知道灵魂本身,但可以通过某种意象来把握它。荣格认为,对男性来说,这种意象,经常会以女性的姿态出现。不过对日本人来说,我认为不能用绝对的女性姿态这种说法。但我确实能感觉到西方人还真是这样。确立男性的自我,这是一个大前提,作为相异的魅力存在,女性原型就浮现出来。我呢,也就是在西方的这个意义上,倾力地去探究阿尼玛原型。

跟日本人当事人的不合拍

还有一件事,我在别的场合也经常说到过。难以忘怀的是给日本人做分析的事情,最初,事情往往进展得非常顺利。

到现在是知道了,进展顺利说明当事人在非常努力地挖掘自己的内心世界,这对本人来说是件很吃力的事。可如果只注意了表面的顺利,就体会不到当事人的艰辛了。

在知道对方的痛苦的前提下来做事情的话,那自然没什么可说的。我当时大概只看到表面上的顺利,跟当事人的感觉就慢慢地错位,合不上拍,结果,那人突然就不来了。心里想着进展得这么顺利肯定会继续下去的,却不来了。心里好生疑惑:"怎么搞的啊?"就写信去说还是请你再来吧。

可在写信的时候,因为我在美国经过训练,知道得很清楚,如果是很重要的事情,绝对不能直白地说"请你一定来"。为什么呢?因为当事人会对分析师产生依赖:"你说让我来的我就来啦",因此,无论什么场合都要尊重当事人的意愿。所以,我在信中写道:"下周同一天,两点到三点之间我会等你的,如果你愿意的话可以再来。"

这封信我完全按照在美国接受的教育写的。不过这种信让日本人看了,肯定觉得:"少跟我来这一套。"在日本真心想让人来的话,肯定要写成:请你一定一定来。可是,

“一定一定”是不可以的，只能写成“如果你愿意的话……”。对方又不知道这里边的说道，一边写着，我心里其实是在嘀咕的，可也就这么把信发出去了。结果，到底还是没来。

“日本灵魂到哪里去了?”

那时候我的督导老师是研究所的所长弗兰茨·里克林先生。我到他那里去报告情况:“我觉得进展挺顺利的,可是当事人不来了。然后,给他写了封信。信里边不能写你一定要来,所以我就这么这么写了。”

听了我的叙述,里克林先生问:“一般这种情况下,日本人会怎么说呢?”我接着解释:“如果日本人之间说‘如果你愿意的话……’,那基本上就等于说你别来了,跟说‘我搬家了,有机会来玩儿’差不多,所以应该说‘你一定要来啊’。可是,分析在原则上需要绝对尊重对方自主性,所以我就按照美国的老师教的写了。”

这时里克林脸上浮现一丝笑容:“Wo ist ihre Japanisch Seele?(我和他是用德语交谈的)”他的这句“日本灵魂到哪里去了?”让我感铭至深。

督导的伟大之处在于,他既不说你不应该这么写,也不说你就应该这么写。而是唤起你自己的注意:你自己的日本灵魂上哪里去了?确实,我那个时候的日本灵魂消失了,在用美国的灵魂行事。这样,我就必须自己去思考接下来该怎么做。督导并不说哪一个好、哪一个坏,而是敏锐地指出你现在的思维偏向于某一个片面。里克林真是一个很出色的老师。

里克林想说的是,你作为一个日本人,在日本长大,又到西方接受了训练,掌握了这些以后,用日本的语言面对日本人,你到底想说些什么?我想肯定是这样吧。这件事让我学到的不是一点点,回到日本以后,依然对我有着很强的指导作用。

而且有意思的是,那时候,他并不跟我说你应该按照日本的习惯来写。这点很让人佩服。比如说,他不问我你为什么不写"你一定要来"?而是让我自己跟自己的日本灵魂商量,然后决定希望患者再来的话应该怎么写。也不能说用日本的习惯来写就一定好,因为我学的是美国流派的做法。所以这封信,真是费了我不少心思。信出去以后,那个患者又开始来了。想想,里克林真是太不简单了。

当事人的自杀未遂

说起里克林,还能让我想起好多好多,其中还有一件让我感服不已的事情。我那时候也给瑞士人做分析,都得用德语做,特别难,我操着不怎么通的德语做分析,肯定不会容易了。刚开始的时候,我到里克林那里去说:"我德语说得不好,真能做吗?"里克林回答我:"没关系的,是对方在说,又不是你说,你只要听就行了。"

可一旦开始了,并没有说的那么轻巧。这么勉强进行的过程中,发生了当事人自杀未遂。我立刻跑到里克林那里去报告:"他自杀未遂。问题是,我根本没有预想到他有可能自杀。"确实是这样,如果我能够感觉到这个人没准儿在想着要自杀,那这时候如果他自杀未遂,话就完全不一样了。但我什么也没感觉到,当事人却企图自杀并付诸行动,虽说没有成功,也是分析师的完全溃败。

这时候,里克林马上说"我自己来见见他",毕竟人命关天,他立刻就把我的当事人叫来了面谈。

后来我到里克林那里去问情况,听里克林说当事人说了好多好多,最后里克林自己对着当事人说:"听你的话,好像自杀是一件非常艰难的事情一样。可这种事,从人类的历史开始以来,就不晓得被人们重复上演过多少次,没什么了不起。你要想自杀,就自己一个人去自杀。不过,河合好可怜,你不要连累他。所以,请你现在就宣布自己已经放弃了河合的分析，以后发生的一切都跟荣格研究所没关系。宣言了以后再去死好了。”

结果，那个人打电话来，说是一定要继续把分析做下去。

怎么说呢，里克林肯定看穿了他不是真心要自杀。真是让人佩服。而且听了我的话以后，刻不容缓地把当事人叫了来。这样的行事作风，太棒了。

可是，在实际咨询中能够说出这种话其实是很难的。搞不好，当事人真的会去死。后来，这个人的分析我一直做到自己要回国的时候。

做分析拿钱

以后的这一年半里我更加努力地继续做分析。岂止250小时，真是见了很多很多人。中国人、匈牙利人等等，当然也有瑞士人和日本人。

250小时，听上去很吓人，不过当事人都是付费的。不付费，就不像是真正的分析，费用不高就是了。

那时候，正式的分析家，收费低的大概一个小时25瑞士法郎，高一些的30、40法郎，还有更贵的100法郎一个小时。我们这些研修生大概也就10个法郎吧。

250个小时超过以后，我们就有可能得到这些报酬了。250小时之内，当事人是把钱付给研究所的，我们拿不到。超过250小时，经济上有困难的可以申请拿到这些费用。到后来，我也能有一些收入。

这种制度现在可能已经不一样了，其他也有很多变化，不过我们那时候是这样的。

督导

我们再来详细说一下督导制度吧。

前边也说了，在荣格研究所，通过中期考试以后，必须要对他人进行分析，这个训练至少需要体验 250 个小时以上。现在规定的时间可能更长。这时候必须有指导者，也就是督导跟着。而且至少需要请三位督导者。为什么呢？因为每个督导也有自己的习性、特点，只跟一个人，会形成一种狭小固定的模式，不利于以后的进步，所以至少需要三人。我因为觉得很有意思，跟了不止三个人。

最初，我见一次当事人就到督导那里去一次，再见一次当事人，再到督导那里去一次。所以，最初的时候只有一个督导。

我最初跟的是弗雷博士。实际上，弗雷是我的分析师，一般来说，都主张要把分析师和督导分开。为什么呢？因为分析师会深入到你的内心世界，就不大适合再做指导你的督导了。所以，最好不是同一个人。可在荣格研究所，人们又觉得不必这么拘泥，经常会不当回事儿地破坏一些规则。荣格研究所的基本思想是，破坏规则会有一些麻烦，但应付不了这种麻烦，你就算不上一个人物。

通常，我是不会跟家长和孩子、丈夫和妻子同时面谈的，这会使来的人跟我自己都弄糊涂的。可在荣格研究所，大家的想法是，你要想这么做也没什么不可以。只要对这么做的困难之处做好充分的心理准备，在认真思考的基础上，觉得这么做更好或者觉得自己能做，那你就做吧。规则还是相当有弹性的。

这种事情如果放在美国的话，特别是在美国一些墨守成规的人看来，那是绝对不能逾越雷池一步的。分析师和督导是同一个人？就这一点就可以出局。这么愚蠢的事情都敢做，将来肯定搞得一塌糊涂。而苏黎世的荣格研究所，则想法总是相反的。他们认为在知道很难的情况下，想办法去克服、解决困难，才是更好的。接受分析一般都是一对一，可他们觉得同时男女两个分析师并行来做更好。一直都是这样有意识地放松规则。所以，我一开始就可以请我的分析师做督导。

督导的难点

我最初见的当事人是瑞士人，这也让我吓一跳。那时候真没想到自己会给西方人做分析，而且，二战结束不久，我们背负着战争的负面遗产，一说到西方人，就觉得比自己要高一头。可真的做起来，发现还是可以做的。

不过这当中还是有些人对我来说太难了一些。有意思的是，督导是明白这种情况的，却不跟我说。过了差不多一年了，才说："这是一个相当困难的事例，你还做得真不错啊。"直到这时候，我才知道督导原来是心里有数的。督导说："虽说很困难，看你做得还行，也就一直没吭声。"

这种情况，督导的指导实际上是不能掉以轻心的。他需要一直关注着你的动向，而不是滔滔不绝地光说些正确的话。说"这很难哦"这种话让我心存忐忑，通常反而会坏事儿。所以，只要你做得还行，他就会一直保持沉默，默默地关注着。

除了弗雷博士，我还接受迈耶的督导。迈耶的督导，几乎不怎么说话，只是听我说。然后说：行啊，就这样吧。

我给患者做分析，这样的关系跟我在督导那里接受训练好像总有些相似的地方。也就是说，总归跟人的成长、人的生活理念牵连在一起，哪一个都不是单纯的知识传授。单纯的知识传授，只要我掌握了这个知识，那么我照着这么做就可以了。而分析根本就不是这回事儿。比起传授知识的模式，分析的场合更是活在与当事人的关系中。从这一点来看，督导和被督导者的关系也类同。不过，接受督导还是有一定的共同的知识框架的：从理论上来说是这样的啦、接下来从理论上分析会向哪里发展啦等等。

对我们分析师来说，最可怕的是“无意识行为表现（acting out）”，也就是行动化。比如说，很胆小的人接受分析，慢慢越来越坚强了。变得胆大了，是好事。可这个有时会以行为表现出来。以前还弱弱的一个人，在大街上突然跟人打了起来，搞不好就是一场灾难。

或者还有些人平时一直都没觉得有什么，突然陷入了深深的自责中，觉得自己这么罪恶深重的人还是不要活在世上好了，这种结果很容易引起自杀等极端行为。所以，我们一贯都特别注意行动化的危险性。

督导也会在这方面特别留意，看到有危险的迹象时，肯定会特意提醒：“这个地方要特别注意”，或者“这件事情要好好谈一谈”等等。我们现在也在做这些事，从当时督导们说的点点滴滴中，我真是学到了不少宝贵的东西。

从每一个人的做法中学到的东西

研究所所长里克林的督导又跟前边两个人不同。他是一个非常有趣的人。当时我已经有两个患者了，我到他那里谈起“这个人做了这样的梦”，里克林听了一下子来了兴致，自己一个人说了一个小时，突然一看表：“时间到了，你回去吧。”第二个患者的事情就不知道忘到哪里去了。他就是这样类型的人。

因为觉得非常有意义，我还跟了冯·弗兰茨、尤兰达·雅克比这些人。关于雅克比有很多趣事后边再详细说。雅可比的督导秩序井然，非常有型。我自己看到当事人有些懒散、荒废时间啦，心里知道也能想办法持续下去。可雅克比一听，就会说：“这个懒家伙再来了，要很严肃地告诉他以后不可以这样。他有什么不满的话，这样的人不见也罢。”

还有一个迈耶，却什么也不多说，可能是觉得我做得还行吧。可问问别人，好像迈耶先生也有滔滔不绝的时候，并不是一直都一个样的。

这么说起来，有一次，当事人说起自己做了钓鱼的梦。我向迈耶报告的时候说：“这个钓鱼不是简单的钓鱼，这个钓鱼很有意思”，迈耶说“是啊是啊”。接着我就说起太公望的事情。中国有一个叫太公望的，钓鱼不用钩。迈耶一听兴奋得不得了：“是啊，是啊，这样就不会受到鱼打搅了啊。”这种关键时刻，他会非常敏锐地说出关键的事情，真的很神。可其他大部分时间,他基本上啥也不说,沉默。

反过来说,其实沉默是一件相当艰苦的事情,肯定在思考很多事情,可还什么都不说。所以,在节骨眼上说出来的,听上去话不多,可都是些能给人留下深刻印象的东西。

还有一件印象很深的事情。荣格给《易经》的德语译本写过序,所以荣格派中喜欢《易经》的人不少,人们经常会算算卦什么的。这样,在谈论易经的时候,说起日本有一句话叫做"中也是八卦,不中也是八卦",意思是不管中不中,这个卦都是有它的意义的。我一说这个,迈耶却说:"话要说到这地步,我可就不敢苟同了。"听得我好振奋:这大爷觉得不行的时候也会说不行的啊。成天光是听着不吭声,有的时候不得不让人怀疑他是不是真的在听啊?可是,他竟然明确地说自己跟不上这种不着边际的说法,说明还是在听着的。想想也是奇怪,什么叫"中也是八卦,不中也是八卦"?真是无稽之谈啊。这件事情印象也很深。

这么看下来,通常都是请三个人做督导,而我呢,找了好多人。接受这么多人的指导,真是有意思。时间也远远超过了250小时,并全部都写了报告。我到后来,写报告也驾轻就熟了,用英语写的,不怎么费劲就能一气呵成。

现在回头想想当时督导们说的一些话,好像还是比较看好我的,虽说我没觉得自己怎么样。这可能也起因于我是一个日本人,跟人比较容易建立起关系。与西方人相比,非语言的部分非常开放,西方人认为很困难的事情,我们做起来可能就不那么费劲。

不光是我这样，当时到美国去的日本人也有不少都说过类似的话。好多人都谈到，曾经被人说过："你好像很容易就能跟患者建立起关系。"

反过来，关系虽然比较容易建立起来，但把这里边表现出来的东西语言化，日本人又是比较笨拙的。这样，我就觉得箱庭疗法正是比较适合日本人的方式，好像是为日本人量身定做的一样。有关箱庭疗法，还有它的创始人卡尔夫女士[1]，我们后边还会详细说到。

1　多拉·卡尔夫（Dora Kalff）：1904～1990年，瑞士心理治疗家，受荣格影响成为儿童心理治疗师。在英国伦敦跟随洛温菲尔德学习游戏王国技术，回到瑞士后，创立了箱庭疗法（Sandplay Therapy），也称为沙盘游戏。

自己开辟道路

我并不知道当时同时期在荣格研究所做分析实习的一共有几个人,因为没有一个成型的制度,即使有几个成为朋友的人,还是搞不清楚一共有多少人。研究所整体是一种什么状况,根本摸不着头脑。什么都是一个人在弄。

看这种样子就知道,跟大学还不是一回事儿。自己找分析师,自己找导师,什么事情都得自己一个人去做。

这一点跟大学相比有决定性的不同。以个人为单位在做事情,受到的就不是一般的锻炼。稀里糊涂是什么事情也干不成的,更何况还有“你什么时候能准备好”之类的。所以中途干不下去离开的人不在少数,也有人没通过考试,还有的得到忠告:与其做个分析家还不如找其他更合适的职业吧。

美国的 UCLA 我是作为研究生去的。到了荣格研究所,形势就完全不同。当时,克洛普佛和斯皮格尔曼判断我更适合到荣格研究所去,而不是留在美国的大学里,看来还是有道理的。我是一个喜欢自行其是的人。

在萨尔茨堡学德语

忘了一件要紧的事。通过中期考试以后，自己该开始做分析时，我到萨尔茨堡去学了德语。大概是四个星期吧，暑假期间集中培训的德语课程。这还真管用。

在萨尔茨堡，都是外国人，日本人只有我一个，只能说德语。而且住在当地人的家里，也就是 home stay。我跟一个瑞典人一起住。

令人吃惊的是，那时候的萨尔茨堡几乎没有人家里有浴缸，大家只能时不时地冲一冲澡罢了。我们只好经常去游泳，权当是洗澡吧。

那时候，跟一个班上的一群意大利人在一起玩儿，实在是有趣。意大利人不管男女，个个都开朗活泼。我混到这一帮人里，玩得很和谐，关系都不错。而且在美国留学时学的舞技还留着，跟大家在一起跳跳舞啊、喝喝便宜的葡萄酒啊，每天净说德语，快活之极。

说到萨尔茨堡，音乐节不可不说。正儿八经的歌剧太贵了我看不起，就去听一些比较便宜的室内乐什么的。虽说便宜，也都非常出色。好像是那时候，看莫扎特的《魔笛》，人偶剧。看不到真正的歌剧，在萨尔茨堡看人偶剧，实在让人铭记不忘。

还有一件事好可笑。成天跟意大利人混，某一天一起去跳舞，进了舞厅突然看见对面走过来一个好奇怪的人，再仔细一瞧,原来是镜子里的自己。也就是说,跟意大利人并排走在一起,我看上去就是那么怪异,走路的样子也不一样。那时候就在想,这帮人跟我在一起玩儿,只有我像是个另类。反过来说,我这么不一样的人插进来,他们倒也毫不奇怪,照样带我玩儿。说是手势动作也好、行为举止也好,就是这么不一样。吓人一跳。

到底还是文化的不同吧,让人无话可说。我呢,还是老样子,成天爱说些无聊的笑话,是人群里的大红人,简直就像我领着一帮子人满世界到处瞎逛一样。

跟意大利人这样接触下来,就真正地理解了一件事:外向的好处。我总觉得像我们日本人,不管怎么说都只能说是内向吧。又一次,我说起来外向是一件多么令人赞叹的事情,记不得是迈耶还是弗雷说:意大利人是天生就具有外向的优秀之处,相比较而言,美国人则是一种被强制的外向。所以,自己是比较讨厌美国人的那种外向的。想想,这真是一个非常绝妙的表达。

梦领我走向日本神话

时间慢慢过去,接着就该开始写资格论文了。当然,实例报告是不可或缺的,关于资格论文,我开始考虑是不是写日本的神话。

其实,当时我心里还是很有抵触的。二战当中,我对日本的军队就很抵触,延伸下来,对日本的神话同样抵触情绪很强。可不知怎么搞的,梦境的主题总是日本的神话。

这样,一点一点地去仔细地读日本神话,最有亲近感的是素戋呜尊[1],那是一种恶作剧精灵吧。反体制的,时常会做出一些超乎人想象的“坏事情”,具有极强的破坏力,可这破坏力走向正轨又是一种新秩序的创造。那时候,我在日本并没有听到过“恶作剧精灵”这个词儿,到了瑞士,有关民族学,学了很多很多。这样,才明白了,素戋呜尊是“恶作剧精灵”,太有意思了。

于是,我想拿素戋呜尊与埃及神话的赛特[2]和北欧神话的奥丁[3]、洛基[4]等做个比较一定很有意思,这样,就看了很

1　素戋呜尊:日本神话《古事记》中的三位主神之一,负责治理海洋。其父神为伊邪那岐。相貌丑陋而力大无穷。

2　赛特(Set,也作 Seth,Setekh 等):埃及神话中的力量之神、战神、风暴之神、沙漠之神以及外陆之神。

3　奥丁(Odin):北欧阿斯神族的至高神,被视作诸神之王,也是死者之王、战神、权力之神、魔法之神。

4　洛基(Loki):又译洛奇,北欧神话的邪神、火神,身上有巨人的血统。聪明狡诈,与主神奥丁(Odin)结为义兄弟而成为阿斯神族的一员。

多世界各国的神话。

面对迈耶,我终于说:“虽说对日本的神话不怎么喜欢,可在解析梦的过程中,慢慢开始意识到:这么一来我的论文只能写日本神话了。”可迈耶毫不惊奇:“日本人写日本的神话,再正常不过了。”

我说“话是这么说……”,迈耶就不容分说地说:“你去见一下凯雷尼[1]”。他拿起电话来就打,然后说:“我已经给你联系好了。”这个人做事就这么利索。迈耶跟凯雷尼是好朋友,可以这么随意。可是,凯雷尼对我来说那真是距离很远的大师,不由得大吃一惊:“我去见凯雷尼?也太……”

然后,迈耶跟我说:“刚才电话里已经跟他说好了,几月几日到苏黎世的中央图书馆去,凯雷尼会在那里,你去见他。”我说:“这也太……而且我从来也没见过他。”迈耶说:“你一去就知道了。进了阅览室,马上就能知道哪个是凯雷尼。那是个妙不可言的人物。”

---

1 凯雷尼(Carl Kerenyi):1897~1973年,匈牙利学者,创建了对希腊神话的现代研究基础。

脱口而出的“太阳的女神”

这样，我就去见凯雷尼了。真像迈耶说的，这个人散发出来的气场，让你马上就能知道这是个跟人不同的老大叔，虽说个子矮矮的。

那时候他已经相当高龄了，满头白发。我进去走到他跟前说：“我是河合。”他抬起头看我，让我觉得像是一对松鼠的眼睛，圆圆的、非常有神。

那天凯雷尼是不是偶然有事到苏黎世来的，我也搞不清楚。不过，迈耶倒是抓得巧，帮我安排了这次见面，我只要去见他就行了。

他对我说：“我们在这儿也有点太那个了，去咖啡店吧。”于是，两个人一起到咖啡店去了。我要了咖啡，凯雷尼说：“牛奶。”这大概是店里最便宜的饮料吧。

凯雷尼问我：“我们用什么语言？”在瑞士，人们经常这样问，因为日常使用各种各样的语言。我回答：“用英语吧。”结果，他露出一脸的厌恶：“也不是说不来……”我赶紧说：“德语我也会。”这下，他高兴了：“那就德语吧。”

然后，凯雷尼发出的第一声是：“什么样的梦把你引导到这里来啦？”如果直译的话。

凯雷尼就是这么说的，一听这话，不由得“欸？”了一声。不过还是讲述了自己做的梦，为什么会想做日本的神话等等。这么一说，凯雷尼好高兴：“这个一定要做下去！”

接着又问:"那你打算做什么题目呢?"一下子,我冲口而出的是:"太阳女神(德语)。"谁知道为什么会变成这样呢?我想做素戋呜尊的,可这时候脱口而出的却是"太阳女神[1]"。这一说,凯雷尼更高兴了:"这个更要做了,为什么呢?因为世界上几乎没有太阳女神。"

我当时为什么会那么回答的,自己也不明白。实在有意思,一定是凯雷尼的力量在起作用。

接着,凯雷尼说了:"希腊的太阳神也是男的,但在希腊神话中,用太阳的女儿们来表现太阳所具有的女性意象。所以说,太阳也是具有女性意象的。不过,这个仅仅是用这种方式在表达。而日本的太阳直接就是女性,直接地就在讲述着这件事情。一定要写,一定要写。"

1　日本的太阳神——天照大神是素戋呜尊的姐姐。

写诗和叙事(讲述故事)

这样,我就把自己的想法谈了一下,到底事先还是调查学习了不少。比如说,美国原住民就有太阳女神,墨西哥又是怎么回事等等。说着说着,凯雷尼突然问起来:“你写诗吗?”我读诗都读不来的,别说自己写了,就老实告诉他:“我不写诗。”他说:“你不用读那么多文献,只要把日本的神话反复地读、反复地读就行了。一遍又一遍地读,诗在你的心里自然地就会孕育出来。能把这个写出来,那就是绝对高水平的论文。”我回答说:“诗还是写不来的,不过我会努力。”谈完,就分手了。

现在再回头想想,我写不来诗,就写很多很多的故事,也算是类似的事情吧。如果当时像现在这么明白的话,可能会问:“讲述故事怎么样?”但那时候,光会说“啊,是吗?”只剩下佩服得五体投地了。

凯雷尼的各种各样的著述几乎都是以这种形式构成的,所以从文献学的角度来看,受到不少非议。但凯雷尼是在写自己的诗。这么一想,凯雷尼的文章就特别好懂,有一种难以言传的味道。

读《一片阴影》

说到这儿，又想起一件事。还是取得资格之前，在瑞士刚开始接受分析的事。

接受分析后一段时期，我梦里出现了昆仑。昆仑也是伎乐面具[1]的一种，由中国传到日本，现在已经不是很清楚了。野村万之丞狂言师特别喜欢伎乐，现在想用伎乐面具做点儿什么。放下这个不提。我因为看过一些书说到这个，所以梦到了昆仑。这是一个很了不得的阴影。所谓阴影，简单地可以说是一个人没有活出来的另一面。这就是我没活出来的另一面。

我跟迈耶说起来，日本文化中的这种阴影实在是让人叹服。迈耶拿出一本书来对我说："你读读这个。"这是一本劳伦斯[2]的《一片阴影(*A Bar of Shadow*)》。当然，那时候还没有日译本，迈耶说荣格研究所里有，你借来看看。我跑到研究所去借了来，一旦读起来就停不下来了，来回的电车里也在读，读着读着还流出让我尴尬的眼泪来。那真是难忘的经历。因为实在太让我感动了，回国以后写的《阴影的现

1 伎乐面具：日本用于伎乐的面具，比能乐面具大，有木质的和干漆的。伎乐，据称为中国古代西域的一种杂剧，经中国传入日本，已失传，仅面具保留下来，保存于奈良的正仓院和法隆寺。

2 劳伦斯(Laurens van der Post)：1906～1996年，南非出生的英国作家。英国政府的政治顾问、教育家、记者、人道主义者、哲学家、自然保护论者。

象学》中，花了不少篇幅讨论这本书。

劳伦斯和凯雷尼都是荣格的朋友。但并不是按照荣格的思路在走，他们都是独立地相互结识而成为朋友的。劳伦斯跟荣格的关系非常密切，跟迈耶也很熟悉。看起来他们一直就是好朋友。迈耶也很喜欢劳伦斯。

这本书对我思考日本人的阴影起了很大的作用，过了好多年以后，才在苏黎世看了那个有名的电影：《圣诞快乐，劳伦斯先生》。这是根据《一片阴影》改编的电影[1]。电影也很精彩。

1　一说改编自劳伦斯的另一部小说《种子与播种者(*Seed and the Sower*)》。

给尼金斯基夫人当日语教师

我前边已经说过,因为拿着奖学金所以没有做任何兼职工作。不过有一件事情,与其说是兼职赚钱的工作,倒不如说事情本身很有意思。分析家尤兰朵·雅克比给我打电话,说:“有一个匈牙利的朋友想学日语,你去给她当家庭教师吧。”我大吃一惊:“啊?”问他:“是谁啊?”回答说:“是尼金斯基夫人。”这下更让人吃惊了:“尼金斯基夫人?就是那个有名的舞蹈家尼金斯基的夫人吗?”对方很肯定:“是的,就是她。”这样一来,就不是钱的问题了,我是无论如何都想做这件事的。

那个罗莫拉·尼金斯基一直住在应该是苏黎世车站前的大饭店(Grand Hotel)里吧,这样,我马上就到她那里去了。

她看上去已经相当年纪了,不过具体年龄我也不大清楚,可能在60岁到70岁之间吧。是一种非常开放的华丽的外向型的人,她很高兴地对我说:“我能说七种语言,觉得日语很有意思就想学。可真没见过这么难的,跟我会的那些语言一点都不一样。”她会说的当然是英、德、法,还有俄罗斯语、匈牙利语、希腊语和拉丁语这些。

因为觉得会很有意思,我开始给尼金斯基夫人当家庭教师。她是一个很健谈的人,而我又特擅长听别人说话,这样,学日语的事儿早扔一边了,尼金斯基夫人总是在大谈特谈她的人生经历。她那些经历又是那么引人入胜。

罗莫拉·尼金斯基写过一本《尼金斯基》的书。因为要去见她,当然我事先也读了这本书。书本身就很有意思,再直接听本人自己说出来,那更是难得的体验。

与精神分裂的丈夫在一起

罗莫拉竟然是匈牙利的贵族。当柳斯芭蕾舞剧团（佳吉列夫带领的俄罗斯芭蕾舞剧团）到匈牙利演出的时候，她看了尼金斯基的舞蹈，就决定“我要跟这个人结婚”。也不知道是怎么进去的，罗莫拉成了柳斯芭蕾舞剧团的一个舞蹈演员。

罗莫拉在剧团的最底层跟其他一大堆人一边跳舞，一边寻找着向尼金斯基求婚的机会。真不是个常人。

当然，这不是从她嘴里听到的，而是我在书中读到的内容。这些，就算是尼金斯基夫人，也没有直接说给我听。在这样跳着舞生活的过程中，罗莫拉了解到，尼金斯基实际上跟团长佳吉列夫是一种同性恋的关系。这段往事也是很有名的。罗莫拉知道了这个情况以后，还是不放弃地在找机会。可能是在从欧洲到美国去的船上还是从美国回欧洲的船上，罗莫拉向尼金斯基求婚了。随后，尼金斯基进到房间里，关上门再不出来了。作为舞蹈家的尼金斯基，是一个超内向的人，而夫人呢，又是一个超外向的人。

可没想到，尼金斯基居然回答：“我同你结婚。”这样，两人刚一结婚，佳吉列夫就开始了令人发指的迫害。在忍受迫害的同时，尼金斯基自己成立了舞蹈团，继续跳舞。比如说大家都知道的有名的《牧神的午后》。当然斯特拉文斯基的作品以前就有人在跳，但尼金斯基跳的《春之祭》，使他得到了自己的地位。只可惜,尼金斯基得了分裂症。

关于这一点,按夫人的话来说,真是很神奇。那时候,他们住在瑞士的一个很有名的疗养地,当时家里的一个佣人,忘了是男的还是女的,对夫人说:“太太,这种话我真的很难说出口,你的丈夫肯定有精神上的疾病。”因为夫人每天跟丈夫很亲热地在一起,根本感觉不到什么异常,就问了:“你为什么这么想呢?”佣人说:“我以前的主人的言行也是同样的感觉。”夫人又问:“你以前的主人是谁?”佣人回答:“弗里德里希·尼采。主人跟尼采的行为举止很像,绝对是精神病。”夫人再用这种眼光来观察丈夫,确实感到越来越奇怪了。

这样,她终于下决心带着尼金斯基到尤金·布洛伊勒[1]那里去,尤金·布洛伊勒是苏黎世大学的教授,曾跟荣格在一起工作过。布洛伊勒看了以后,了解了一些情况,然后说:“没问题,这种状况根本没有任何问题,不过,在生活当中还是要注意,尽量平静一些。”把两个人都送出诊疗室以后,然后又让夫人单独进来说:“真的非常遗憾,现在的医学对你的丈夫无能为力,毫无疑问,他得的是精神分裂症。”接着说的话更是让人惊魂:“我没有能力让你丈夫的人生过得

1　尤金·布洛伊勒(Eugen Bleuler):1857～1939年,瑞士的精神科医生、心理学家。因对精神分裂症、精神病理学的贡献而著名。在弗洛伊德被视为异端的时候,作为学术界的精神科医生成为其最早的支持者。

更好,但是可以让你的人生变得更好。”夫人不解:“你这话是什么意思?”布洛伊勒回答:“请现在,马上,离婚。马上离婚,走自己人生的路。你就算跟他在一起,病也永远不会好。”

听到这话,罗莫拉·尼金斯基马上就拿定主意了,当场断然回答:“就算是无法治愈的精神病,我们也是一生的夫妻。”布洛伊勒听了她的话说:“这完全是个人的事情,我尊重你的决断。不过要做好足够充分的思想准备:绝对好不了的。”然后,尼金斯基夫人说了“谢谢”就要走出房间。这时候,布洛伊勒说:“不过,世上还有奇迹。”也就是说,分裂症是好不了的,可还有奇迹性地治愈的可能。这是当时布洛伊勒的想法。

到宾斯万格那里去

听了布洛伊勒的诊断，夫人就领着尼金斯基挨家去拜访有名的心理治疗家。弗洛伊德、荣格、阿德勒、罗夏，都去过。那种行动力，真让人佩服，当然也因为她很有钱，去得起。还说去见过美国的什么人。总的说来，就是这方面的名人都去见了。

据夫人说，弗洛伊德是个小老头儿，没留下什么印象。荣格呢，看上去的感觉，与其说是心理治疗家，还不如说是个学者。当然，那时候，尼金斯基本人已经一句话都不说了，从头到尾都是夫人在讲。罗莫拉谈起自己的梦，荣格就站起来，拿出一本好厚好大的书，翻开说这个题目是这个这个什么的，看上去知识渊博，像个教授。可能夫人还是不放心把丈夫交给这样的人，接着又到阿德勒那里去了。

夫人说，阿德勒是一个很有说服力的人。听阿德勒说话，你就有一种他说的事情绝对正确的感觉。虽然这样，可夫人还是觉得合不来。

这么一圈走下来，最后到哪里去了呢？去了路德维希·宾斯万格那儿。宾斯万格是一个相当有意思的人，荣格最初到维也纳见弗洛伊德的时候，宾斯万格是跟荣格一起去的。他跟荣格的关系非常好，荣格的词语联想的实验，宾斯万格共同参与并写了论文。尽管从关系上来说，宾斯万格跟荣格很亲密，但其思考却更接近于弗洛伊德，并没有成为荣格一派。

这个宾斯万格办的医院在一个叫克鲁斯林根的地方，医院叫拜洛沃。在这个医院里，基本上都是宾斯万格一派的人在工作。宾斯万格的家族里也都是精神科医生。宾斯万格跟荣格研究所的关系很好，前边也说过，我们这些荣格研究所的人经常到那里去实习。

夫人最欣赏路德维希·宾斯万格，让尼金斯基住进了拜洛沃，把自己的丈夫交给了宾斯万格。

可是不久，记不清很准确的年代了，宾斯万格的长子自杀了。夫人说起那事给人的冲击实在难以忘却。怎么说呢？世界上这么多人从不同的地方来寻求宾斯万格的帮助，可是他自己的儿子却自杀了。大家一下子像是失去了心灵的根基，不知道该怎么办了。

实际上，宾斯万格以自己孩子的自杀为契机，开始主张“存在分析”。我索性把它说简单一些，就是每一个即使只发生过一次的事情，其存在都是非常重要的，用所谓的自然科学是无法解释的。这就是宾斯万格的想法。

在跟尼金斯金夫人谈论的过程中，我突然醒悟了一点：那时候，无论是弗洛伊德还是荣格，在这一点上都还模模糊糊的，他们都还尽力地在科学地做自己的事情，不断地用科学的方式解释心灵的问题。那个年代，人们还认为，不管什么现象，只要做分析，就能找到它的原因。

比如说谁自杀了，那么就该追究这件事的原因究竟是什么。这类研究,可以说因为爸爸如何如何、妈妈如何如何、什么事情如何如何等等。但是,我想宾斯万格的主张等于在宣言:我再不干这样的事情了。

其实分析着别人的事情,可以说什么是原因什么是结果,可碰到自己的事情,就束手无策。在患者拼命思考着自己的问题的时候,外人在这里谈论什么原因结果的,实在怪异。宾斯万格一定是从这里开始起步的。也就是说,在分析儿子自杀的原因时,人们会有各种各样的说法,自己也在痛苦地思考着,可事情绝对不是这样。自己的儿子死了,这个事实是如此重大。我猜想他一定有这样的思考过程。这当然都是我的推测,我自己也不喜欢用原因—结果的模式去解释自杀的人的心理。

这样,以此为出发点,宾斯万格在"存在分析"的路上深入地走了下去。这样,虽然尼金斯基等人也困惑了一段时间,但最终并没有离开拜洛沃医院,一直留在那里。这么惊人的事例,而且由尼金斯基夫人亲口所说,实在是一种说不清的感受。

遗憾的是尼金斯基最终也没有痊愈。但发病之后他曾经开过两次口。一次是以前一起在柳斯芭蕾舞剧团的米哈伊尔·福金(舞蹈家、编导)来探望的时候,第二次应该是第一次世界大战中俄国的军队到了附近,进驻到医院所在的克鲁斯林根。他见到俄国兵时,用俄语跟他们交谈过。一共就这两次。随后,尼金斯基开始画非常有趣的画,还写手记。内容具有相当浓厚的宗教性(《尼金斯基手记》、《往后的尼金斯基》、《尼金斯基手记(完全版)》等)。这也是从夫人那里听到的,他可能是生活在深层的宗教世界里。因此,也有不少人是用这种观点来读他的手记的。

和尼金斯基夫人之间印象深刻的谈话

话再说回到教尼金斯基夫人日语这事上。我进她家打招呼的时候,如果说“Good morning”,那么接下来就会用英语说话。如果我进门的时候说“Guten Tag”,那么这一天就会一直说德语。所有这些,都是无意识的。她跟我说话的时候,电话铃响了,又会用匈牙利语去接电话,放下电话,接着跟我说匈牙利语。我一说:“不对了,听不懂。”她才意识到:“啊? 对不起。”读书的时候,也是,俄语、匈牙利语、德语、英语,完全没意识到自己读的是什么语种,就这么自然地读。她就是这么个外向的、非常有才能的人。

说到她的日语怎么样? 比如说,她能够说“这个人的性格很不好”之类的,而且听她说说,几乎所有的人性格都不好。但也有尼金斯基夫人称赞的人,性格不坏。这人就是日本的秩父宫王妃[1]。她赞不绝口,肯定是在什么地方见过面。

还有一点,就是尼金斯基夫人非常喜欢日本,经常开玩笑地模仿歌舞伎演员,说一定要到日本去看看。

因为这些,再加上想见秩父宫王妃,她到日本去过。在日本旅行的时候,看了宝塚少女歌剧,夫人说跟尼金斯基一

1　秩父宫王妃:1909～1995年,秩父宫雍仁亲王(昭和天皇裕仁的弟弟)的王妃势津子。

模一样的人在舞台上跳舞。这人就是有名的 A. T. 。夫人对 A. T. 非常入迷,而 A. T. 只能说日语,所以就想着她再去日本的时候一定要学会日语。

一是想说日语,让 A. T. 大吃一惊,再就是想用日语写信。我为尼金斯基夫人代写了不少给 A. T. 的信。她用英语说的,我写成日语,最后,夫人用片假名签上自己的名字。估计 A. T. 很是吃惊吧,夫人居然收到用日语写的回信。

夫人说的"看到跟我丈夫一模一样的人在舞台上,真是让人目瞪口呆"。这话的意思,一定程度上我觉得还是能理解的。宝塚少女歌剧,女孩子在演男的角色,因此,有着"两性具有"的特征,尼金斯基本人也是同性爱的人,夫人在这方面肯定是感觉到什么深层的联系。

就这样,在尼金斯基夫人的话语中,经常出现些赫赫有名的人物。指挥家伊格尔·马尔科维奇,照夫人的话说也属于"性格不好"的一类人。在美国还跟野口英世有过交往。

也不光听她说了这么多,夫人好像对我还挺满意,到我家里也来玩过。在我马上要从瑞士回日本的时候,有一次,跟平常的华丽气氛格格不入,她一脸苦恼地对我说:"这些话跟任何人都没有说过,我只想问问你一个人。"我问她什么事情?她说:"如果跟佳吉列夫保持着同性恋关系的话,尼金斯基是否还能够继续在舞台上跳舞?是我插进去,跟尼金斯基结婚了,才使他得了精神分裂症?你觉得是这样吗?”面对夫人这样的疑问,我说:“对世界上的事情,用因为做了什么,所以结果是什么,这样的想法本身好像就错了。尼金斯基这样一个人的人生中,既体验过同性爱,也体验过异性爱,虽然时间很短,但在世界范围的华丽舞台上作为天才而风靡一世。后来,虽说得了一般人概念中的分裂症,但对尼金斯基来说,也可以认为他进入了常人无法进入的深层宗教世界。所有这一切形成的轨迹,都是尼金斯基的人生。我们不用因为做了什么、所以有了什么结果这样的想法去看这些,不是反倒更容易理解吗?”听我这么说,夫人高兴得不得了:“听你这话,我心里一块石头总算落地了。这一直是我的心结。”我也为自己能有机会说这一番话感到欣慰。

回到日本以后,我们还经常有信件来往。不过后来断线了,可能怪我不是太积极主动吧。

因为是实际存在的有名人物,所以直到如今我都保持着沉默。不过,现在应该可以说了吧。这个经历对我来说也是非常重要的。

珂勒先生

说起比较有意思的人,还有一位叫珂勒的先生。珂勒先生是苏黎世大学的神学教授,也很喜欢日本。

这个珂勒先生,在苏黎世办了一个"相遇之家",用自己的钱让各个国家的学生住宿、学习。他夫人叫尼丽·珂勒,人很好,经常跟住在"相遇之家"的学生们一起吃饭。

这些学生中,有一个叫内田伊佐男的留学生。我是通过内田认识的珂勒,还是先认识了珂勒才认识了内田,现在也记不大清楚了。不过,是在苏黎世留学快接近尾声的时候,这一点是确定的。我那时候到珂勒那里,聊了不少。珂勒对日本人和日本的宗教情况很感兴趣,他的话,有一句让我印象非常深:"日本的很多基督教徒,不过是把孔夫子的脸涂白了而已。"他认为很难有真正的基督教徒,这也说明了日本人要想真正地理解基督教是多么困难。

而内田,后来跟瑞士人结婚了。现在,在三重县运营一座教堂。内田夫人就是把我的《日本人的传说与心灵》翻译成德语的人。她还翻译过《明惠·梦》。现在说是要翻译最近出版的《紫色曼陀罗》(2000 年,小学馆出版)。实在太让人感激了。

关于珂勒先生,还有一段回忆。他在有名的休养地达沃斯有自己的山庄。跟他聊的时候,他知道我因为一点钱也没有,所以哪儿都没去玩过。他对这点非常非常地遗憾,说:“你都到瑞士来留学了,竟然不知道瑞士的山,实在太可惜了”,就把自己的山庄借给我用。对我来说,真是难得的机会,而且珂勒比较喜欢日本,山庄里修了日本式的洗澡间,浴缸是一下子可以泡到肩膀的那种。

瑞士的冬天,是那种一直照不到太阳的日子,哪天有一点微弱的阳光,大家都会兴高采烈。而爬到山上,那真是阳光灿烂。当然了,在那么高的山上嘛。所以,到了冬天,大家都到山上去晒太阳。“从日本来的人,一点不体会这些就准备回国,实在是可怜,所以你一定得去。”这样,我有了在瑞士山上晒太阳的宝贵经历,印象深刻。托珂勒先生的福,我还玩了乘雪橇什么的,体验到了瑞士冬天山上的风光。珂勒先生就是这么一个人。

后来,因为珂勒经常到日本来,所以我跟夫人尼丽的来往也一直持续着。

关于双语

我因为在美国、瑞士都留过学，后来还是不停地去美国、去瑞士，不知去了多少趟。因为有这些经历，对于双语，想说点个人的看法。双语，有些人可以毫不费力地运用自如，也有的人，却很难很难。

这跟音乐好像有相通之处。也就是说，就算大家从小就学，也并不是什么人都能学出来的。确实，音乐从小就学，是很重要的，对于有才能的人来说。比如说过了10岁，才想起来要去做个钢琴家，那就相当困难了。但从3岁就开始学钢琴，是不是谁都能成为钢琴家呢？肯定不是。世上有不少成天白白苦恼的人。语言可能有些跟这个比较接近的特性。

想让孩子掌握双语的人尽管去做没有问题，但要注意仔细观察孩子，发现有很吃力的苗头，应该打消这个念头。因为勉强去做这种事，将来有可能在精神上患病。而且，虽然我对此持有不同的意见，但大多数精神科的医生都会把这个诊断为精神分裂症。

我觉得，双语的痛苦，说白了就是双重文化的痛苦，精神就是在被两种不同的文化撕裂开。把自己内心存在的日本的文化和瑞士的文化一切为二，我自己深知这种痛苦的程度，觉得在这样的重压下，人可以病到看上去像是得了分裂症一样，也很正常。我自认为这种状况应该能够治得好的。可很多场合，不管在瑞士还是在美国，其他国家也是一样，医生的诊断几乎都是分裂症。我也知道很多非常优秀的人，但对其中的某一种人来说，双语，会引发很严重的问题。

而难以让人简单判断的是，真有一些人，如鱼得水般地熟练应用着多种语言。有些人顺顺当当地拿这作为职业，不算尼金斯基夫人这样的天才，一样有人在毫无意识的情况下灵活自如地操着七种语言。所以我们不能一概而论地说双语就不好，但一定要慎重留意多做观察，否则会有非常危险的事情发生。这是我的看法。

虽然到现在也没有多少人谈论这件事，但我见过各种各样的例子，再加上自己在两种不同文化之间有过痛苦的经历。明白搞得不好的话，没准儿自己就真的被分裂开了。我曾经在别的地方也写过有关日本的传说故事“半孩子”的文章。也就是一半是人一半是鬼的痛苦的故事。双语，不慎重对待，可能就会陷入同样的痛苦。

上述这些，纯属个人的意见，我没有把它作为一般论提起过。只是想在这里稍微提请大家注意一下。

资格论文的题目

说起在荣格研究所取得资格的论文题目,我最终选择了论述天照大神。在思考研究天照大神的过程中,我才慢慢开始发现其中心并不是天照大神,而是日本神话的中空构造。但论文还是以天照大神为对象写的。

除了资格论文,之前还要写很多报告。这些报告好像都写得很顺利,刚觉得自己的英文进步了不少,就发现论文还是很难写的。也明白了把日本的事情用英文来表现是件多么困难的事。

论文答辩的时候,迈耶高兴得不得了,夸我:"这个论文像是60岁的人写的,这里边有60岁的智慧。"还说,这个论文的内容一定要传达到日本。我赶紧说:"现在回到日本就说些神话的事情,肯定要被人当成右翼分子。我一定会就此专门写书的,但肯定不是现在。"结果,得到了迈耶的认可:"知道了,你慢慢做就是。"

从那天起过了不少岁月,对我来说,作为最后的工作,今后准备写这类的题目了。

作为荣格研究所取得资格的论文,来自各种各样的文化圈子里来的各种各样的人,大家选择自己喜欢的题目。甚至连考试官自己也可以选,当然对考试官的人数是有规定的。

所以论文的题目,那真是千姿万态。有人写自己的实例研究,也有人写传说故事的分析,还有写比如说“眼睛”的象征意义的论文。还是“象征”这样比较正统的题目多一些,但也有不少“有关分裂症的治疗”这种题目。也有日本人写这一类题目的,即所谓的比较临床的课题。

尤兰德·雅克比

接着,就是最终的资格考试。这是什么样的考试呢?全部都是口试,一共有九个科目。这时候的经历让人难忘。以前也曾经写过(《图书》,1975 年 4 月号),这是我印象最深的事情。

在考试官里,有一位叫尤兰德·雅克比的人,在前边讲督导的时候也提到过,非常有趣的一个女性,是匈牙利的贵族。她有次在匈牙利听过荣格的讲座,一下子被降服了,给荣格写信说想到荣格研究所去学习。荣格给他回信说:"首先取得博士学位,然后到瑞士来。能做到这样,我就接受你。"

身为贵族的她居然就进布达佩斯的大学里读书了,在马上就要取得博士学位的时候,纳粹攻进来了。尤兰德是犹太人,她感到生命的危险,给荣格写信说:"纳粹来了,不管怎么说,我现在就到你那里去。"可荣格给她回电报:取得博士学位后再来。于是,尤兰德像发疯了一样,在很短的时间里拿到博士学位。到了苏黎世,然后成了一名分析家。有这样经历的人,真是不同寻常。

可尤兰德,像荣格派中也经常会有的那样,是个把什么事情都分得清清楚楚来思考的人。我是因为荣格不把什么事情都分清楚而喜欢他。而雅克比却是一个"这个就是这个,那个就是那个"的人。用这种模式写书,我读起来觉得也太单纯了些，可还是有人喜欢这样。在这个意义上，我不怎么喜欢她，怪话也说过不少。她是考试官中的一员。

雅克比是绘画解释的专家，这个科目的考试官一定是她。

如何理解荣格，面对面的论战

在考试之前也有好多有意思的经历，这些就省略了，只说考试的时候。雅克比的第一句是："自性的象征都有些什么？"对这个问题，回答曼陀罗啦、宝石啦就可以了。可我脑子里突然浮现了日本的"包罗万象"一词，包罗万象，用英语一说就成了 everything，雅克比追问："全部？那这个椅子也是啦？"我毫不相让地回答："这个椅子也是。"

前边也说过，雅克比的思考方式是"这个就是这个，那个就是那个"，认为自性的象征应该是这个，那个就应该是那个，听我这么一说，认为我什么也不懂。

即使这样，可能雅克比也不想吵架，我的分析师弗雷博士还坐在边上，加上弗雷博士从中缓解，并没有太激烈的冲突。刚想着事情会过去了，结果又差点吵起来，不管怎么说，两个人的思想方法实在是针锋相对。一个小时，就在论战。说论战是好听的，几乎就是在吵架吧。

考试结束后，我想："完了！"只能说服自己："死心吧，这也没办法。"接着到弗雷博士那里做分析，弗雷博士告诉我，雅克比说："Kawai 什么都不知道，最基本的知识都没有。但他从那么远的日本来的，虽说没知识，可感觉相当深刻。算了，饶了他，放他过去吧。"

一听这个，我又觉得奇怪了：这不是什么知识、感觉的问题，这是对荣格理解的根本问题，这种事情我无法退让。

于是就说:“如果这样,我不需要这个资格。”我是作为河合隼雄生到这个世界上来的,荣格派啦什么的装饰一概不需要。所以我要说:不要。

听我这么一说,弗雷博士马上劝我:“雅克比的性格你也知道,你这么一说,还不知被她说成什么呢。雅克比已经说放你通过,那就这么着了。别生事儿。”我接着抗议:“我是这么理解荣格的,而雅克比的想法是那样,在这一点上不说个明白,我无法苟同。”看我这样,弗雷博士说:“那好吧,就开始正面较量吧。不过你要做好准备,有可能就拿不到资格了。”我干脆地回答:“这种东西,不要也罢。”就爽爽快快地回家了。

资格审查会议,还是激烈论战

我回到家里,立马蔫下来了:能走到今天这一步,付出了多少辛苦啊!

论文也通过了,这是最后关口的考试了。离开日本的时候,不是跟大家宣言过:"取得资格才回来。"大话说出去,然后又变成了:"不好意思,没拿到资格",这也太不像话了。就算是因为跟雅克比吵架,可大家看上去不过是考试没合格而已。想到这儿才开始后悔:惹下麻烦了。我陷入相当的抑郁状态。一路拼了命地走到了今天,最后,让日本人说来就是:到底还是不行啊!

于是我改变主意,准备给雅克比写信,起头说:"我说了那样的话,其实还是想能拿到资格的……",可写着写着,语言又开始激烈,慢慢变成"你说的根本就不对"什么的,结果信还是没能够发出去。我知道发出去,更加一发不可收拾了。我已经死心了,谁想到在考试委员会又引起了一场大论战,论战的结果是发给我资格。

到底争论了些什么,后来人们告诉我不少。我听着觉得有些话好有意思。有个考官叫芭芭拉·汉娜。前边也提到过,她是冯·弗兰茨的好朋友,在荣格研究所很受大家欢迎,英国人。可芭芭拉·汉娜是荣格的热烈崇拜者,开口闭口荣格大师、荣格大师,我讨厌她这点,从来没去听过她的课。一般大家都去听她的课的,平常就是个很受大家喜爱的人。

芭芭拉自己肯定也知道，那个日本小子一次也没听过自己的课。据说，就这个芭芭拉，在雅克比说“决不能让他通过”的时候，问雅克比：“你问了什么问题？”雅克比回答说：“我问他什么是自性的象征。”芭芭拉笑翻了：“你问他这种傻问题，他才会给你那种傻回答。说来说去是你的问题不好。”就这么着，考试委员会开了三个多小时，总算得出结论：可以给河合分析师的资格。结果，我就拿到了资格。

是谁安排了这些?

那时候,每年能有两三个人获取资格。凡是有人通过,所长就会为他主持一次晚会。不例外,所长里克林也为我开了一个晚会。我呢,当然出席了自己的晚会。晚会上,里克林对我说:"其实,长期以来我们一直觉得你太顺利,很担心你是一个老好人,什么事情都最短距离地完成了嘛。谁想到,最后关头,你说了个几乎能让荣格研究所崩溃的 NO,所以给了你资格。"真是个好能体谅人的人。

有意思的是,晚会结束正准备回去的时候,雅克比给了我一张卡片,说让我回去再打开。我想是不是又来跟我争论什么,还是接了下来。回去打开一看,上边写着:恭喜你!雅克比也是个很了不起的人物啊。

这么一说,又想起来一件事。我跟迈耶说起因为跟雅克比吵架,自己说出"不要资格了"的话。迈耶很高兴:"那是荣格研究所的垃圾",口气就像说一个简直就是毫无价值的东西。"雅克比是一个特殊的存在,我也没少受她的难堪。"

听别人说有一次荣格发了大火,踢了雅克比,搞得她从二楼的楼梯上跌下去。我问迈耶有这回事儿吗?迈耶说是真的。即便有这样的事情,荣格还是非常认可雅克比的存在价值。这也是荣格的过人之处吧。

资格倒是拿到了,回头想想这一连串的事情发展得真是绝妙,像是为了取得资格的一个精彩的“加入仪式”。那时候,迈耶说了:“到底是谁安排了这一切呢?”既不是雅克比,也不是弗雷,也不是我自己。虽说不是谁有意的安排,但就是这么绝妙。所以才有了这一问:“究竟是谁安排的呢?”

我说起这件事,搞哲学的上田闲照[1]好有兴趣:“这是个好问题”,还跟我说:“没必要去回答。”但这么去思考或者说用这种姿态去面对,却是很重要的。迈耶当然也不回答,只是说:“到底是谁安排了这一切呢?”这时候,上田教给我一句禅语:“答即所问。”真是太贴切了。

1　上田闲照:日本著名哲学家。

自己心中的"天照大神"

这么看下来,还有一点非常有意思。这一连串的事情中,女性起了在日本社会中无法想象的作用。到目前为止,很多女性登场,弗雷博士啦、汉娜啦、雅克比啦。

说到跟这些相关的事情,到底还是那个年代,我自己对女性在自己之上还是有些抵触的。最初心情是这样的,可见到弗雷博士以后,就完全不同了。

过了很长时间,我跟弗雷博士说梦见了弗雷博士就是"天照大神"。记不清楚是梦到"天照大神",觉得就像弗雷博士,还是梦到弗雷博士,觉得就像"天照大神",但却是梦到了一个非常光辉的女性形象。刚想着:"啊,这就是'天照大神',一看是弗雷博士。

我把这个梦说给弗雷博士听:"我最初对接受女性分析家的分析还有一定的抵触,通过这个梦已经完全消除了。你就像是太阳女神。"弗雷听了以后说:"我既不是太阳女神,也不是其他什么。我就是一个普通的人。天照大神在你的心中,因为心中有她,那你就把她珍藏着,好好对待她。"她的意思是完全没必要把她当作"天照大神",但是,你认识到女性是多么重要,这是你心中发生的事情,要很当回事儿才行。

这应该是最后我要写论文时的事情。

进荣格研究所的必要条件

说到大学的毕业论文，总会关系到用什么文献啦什么的，荣格研究所一定程度上也有这些。因为我在美国的大学里，这一类的事情做了不少，比较得心应手，并没有人过多地对我说这些。

这让我又想起一件有趣的事情。那是通过中期考试，刚开始给别人做分析的时候。那时候的指导者（督导）弗雷博士让我把见当事人时的对话按照自己的记忆逐句地记录下来。比如说，见到当事人说："你请坐"，那么就把"你请坐"这句话写下来，对会话不做任何总结概括，就这么记录下来，按照自己的记忆。

我一做，不可思议地发现自己很容易就能做到。这样，拿着回忆出来的一个小时的对话记录给弗雷博士看，弗雷博士说能写成这样，就不用再写了。一般来说，不同的人，有些会长时间地被要求做下去。

做分析师，这种训练是非常必要的。我在瑞士只做了一回。我在日本做督导时，也用过这种方法。

再想说的一件事是，这里集合了很多能做各种各样事情的人，包括女性在内。医生啦什么的，各种各样的人都有。我在的时候，不管怎么说，博士称号是必需的，后来改成了硕士。可我那时候没有博士学位。那时候在日本想拿个博士学位实在是太难了。他们也了解这种情况，就开了特例，但要求回到日本以后必须马上取得博士学位。我回国后倒是很快拿到博士学位了，但在荣格研究所时还是给了我特殊待遇的。

也就是说，需要在你取得了一定资格的基础上才可以谈论分析师的资格。让荣格研究所的人说的话，那就是既需要有学术的研究态度，还得掌握一定程度的标准做法。因此一开始要求的是博士称号，理所当然，人们都会写论文。荣格研究所从初期开始就是这么做的。

不过，对博士学位的学科倒没有什么限制，艺术也行，其他什么都行。因为进了研究所以后，不管是精神病理还是其他学科，都有课程需要上。比如说，艺术系的人进来，精神病理的考试就很难通过；反过来，精神科医生进来，就会在宗教、传说故事等学科上落第。

比如说我们看荣格，一方面在某种意义上可以描绘出一个合理的思想家的人物形象，另一方面，直接去读他的著作，里边出现些炼金术什么的，按常理所说，也可以认为他为神秘学方面所吸引。这两方面的平衡搞不好的话，就会出问题。考试的题目也是这样，比较生硬的题目和柔和的题目，两者都要有。所以，论文也必须形式规整，按照规定去写。被荣格搞惨了的人也有，这样的人没办法拿分析师的资格，因为忍耐不了硬性的学习。考试时，这一类的考题是一定有的。

这需要保持着自然的平衡，而且在这个过程中体验着我前边所说的各种有趣的经历,还需要发表实际的事例,又不能胡来。对这些的指导也非常严格。所以,真是要求人面面俱到。

说“不要资格”,其实还没脱离日本式

说起来,又想起一件事。取得资格以后,听弗雷博士说,通常到荣格研究所来的人,谁都会陷入极度的抑郁。说白了,就像一种创造的疾病吧,或者说类似于想成为巫师的疾病。这过程中会承受很多不可言喻的痛苦,过了这一关,你就能得到资格。可这里边,只有我一个人没有这样的经历,什么事情看上去都很顺利地过来了,虽说不是里克林说的“老好人”,但觉得实在是不可思议的一个人。所以我最后陷入抑郁状态时,大家都说:到底逃不过这一关啊。

还有一件事。自己是日本人,什么事都是“好啊、好啊”,可受了欧洲文化的影响,最后彻底地说了一次NO!我说:“这也是托了欧洲文化的福啊。”弗雷博士马上说:“当然这也是一方面。可欧美人在说NO的时候,肯定是一边主张自己是正确的:你必须给我资格,一边斗争下去。你跟人家吵架的时候说不需要资格,还是日本式的做法。”听了这个,我只能举双手投降了。不过,在以后需要跟欧美人吵架的时候,弗雷博士的这一番话对我帮助不小。这件事也很有趣吧。

家庭、朋友

当时还是20世纪60年代中期,有各种各样的社会问题。肯尼迪遭暗杀的时代嘛。就这些问题,我当然也跟朋友们一起议论。其中也有美国人,这样那样地谈论了不少。

不过,一定时期把注意力集中在自己的内心世界,还是一件很好的事情,为了理解人。那是一种跟外界隔绝的生活方式。

再有就是一直跟家里人在一起,这是非常重要的。最初研究所就要求一定要跟家里人一起来。也就是说,在我的内部发生各种各样变化的时候,自己一个人是扛不下去的,跟家人在一起才有意义。所以,不管有什么情况,家里人必须一起来。

这也能看出来,跟一般的留学完全不同。活着,是一件至高无上的事情,家里人的支撑比什么都重要。

在我结束留学生活准备回国的时候,到迈耶那里去告别。迈耶问我:"在荣格研究所的生活怎么样?"我回答说:"毫无疑问是非常有益的,一切都很好。只有一点遗憾的地方,就是一直没有朋友。"迈耶听了说:"那当然了。"但接着又说:"我是你的朋友,这你不用担心。"也就是说,在荣格研究所里没有能够成为我的朋友的人,可他还是说:"你有我这样一个朋友,这就够了吧?"真让人感动。

即使这样,克洛普佛当初认为比起在美国的大学拿博士学位,河合还是更适合荣格研究所,这个判断实在是准确。而且,事先就给我写好推荐信。研究所也就凭着他的推荐信决定给我奖学金的。这一连串的事情,真让人觉得好不简单。

这些事情跟荣格研究所的非常广义的教育都有着密切深厚的联系。当研究所觉得你不行的话,肯定会毫不含糊地告诉你:你不行的。

如何看“学派”

我回到日本是 1965 年(昭和四十年),35 年前的事情了。

要回日本了,我做了不少准备回日本的梦。那时候,在日本还根本没有什么人知道荣格心理学,我带着荣格心理学回到日本去该怎么做?当时就做了不少这样的梦。

比如在第三章里也提过,当时在日本,美国的卡尔·罗杰斯的学说很盛行,可以说临床心理学家几乎都是罗杰斯派,我应当如何跟这些人交往?这些问题都在梦中出现过。而且几乎都是以象征的形式出现,罗杰斯这样说,而荣格却那么说,在梦中两人在辩论。还有,自己回到日本,飘飘地软着陆的梦等等。

那时候,迈耶说过一番让我留下深刻印象的话。前边也说过,面对患者究竟应采取什么姿态,罗杰斯对此有详尽的说明(参照前文),我到现在依然认为这一点是非常伟大的。迈耶也很清楚罗杰斯的这种基本姿态,说:“罗杰斯所说的,没有任何需要反对的(Nothing to object)。”也就是说跟罗杰斯派的人是可以一起共事的。“但是,仅仅靠那样的想法,是不可能形成一个学派的。要想形成一个学派,还需要深入地参与进去,不说出些有实质内容的东西,是成不了体系的。”

解释一下迈耶的这番话,也就是说,基本的姿态可以应用到任何人身上,但由此发现的人的心灵的现实,我们该如何面对、如何参与,罗杰斯没有给出任何想法。这个重要的问题,弗洛伊德在说,荣格也在说。不能说弗洛伊德、荣格说的一定具有普遍意义的正确性,但罗杰斯没有这些。你没必要去反对他,但罗杰斯的学说能不能成为一种学派还是值得探讨的。

迈耶的这种看法,真是很透彻。

说到底,不是要你洋洋洒洒说些普遍性的真理,而是,要拿得出自己独特的东西。当然,在拿出自己独特的东西的时候,没必要跟罗杰斯吵架。

当时有机会跟迈耶详细讨论这些话题,回到日本以后,受益匪浅。

正因为是迈耶,才能说得如此透彻吧。一般荣格派的人很多根本就没怎么了解过罗杰斯。迈耶是好好地读过,才能一下子说得这么透彻。

这个经历,让我在思考学派等问题时,想得能够更深刻一些。参与进一个特定的学派究竟意味着什么,对其意义有了更深的理解。

与箱庭疗法的卡尔夫女士的相遇

忘了说一件很重要的事情。那是到了瑞士差不多一年以后，我跟箱庭疗法[1]（Sandplay Therapy）的多拉·卡尔夫女士相识的事情。

卡尔夫女士当时还不是荣格派的分析家，不过跟荣格的个人来往比较密切，自己开业做箱庭疗法。

卡尔夫女士是一位非常有钱的人的太太，本来跟心理学完全没有关系。但她在荣格的别墅边上有着自家的别墅，荣格的孙子经常到卡尔夫家去玩儿。每次从卡尔夫家里回来，家里人都会觉得荣格的孙子变得感觉非常好，就问他：你到哪里去了？小孙子回答：到邻居的阿姨家去玩了。荣格也有兴趣了，想去见见这位阿姨。一旦见到了卡尔夫女士，荣格马上就说：你应该成为一个心理治疗师。

可卡尔夫女士看来，要成为一个荣格派的分析师也太辛苦，年龄也不小了。这种情况下，自己能有什么具体的事情做做也不错。于是她接受了荣格的心理分析，并且一直持续着，中间到英国去学了箱庭疗法的前身——游戏王国技术（World Technic），然后回到苏黎世自己开业了。我是这时候经人介绍去见她的。

卡尔夫女士本来是想成为一名钢琴演奏家的，在某一

1　国内又称为沙盘疗法或沙盘游戏疗法，这里按日语译名。

时点发现自己才能不够就放弃了。所以她有很多音乐家的朋友,其中就有小提琴家海野义雄。第一次到卡尔夫女士家的时候,正好海野在她家演奏,还记得那次演奏很动人。

梅纽因也是卡尔夫女士的朋友。音乐家里得神经症的人好多都跑到她这里来寻求办法。

日本人对箱庭疗法的贡献

我到卡尔夫家的时候，她让我也置一个箱庭，我就准备了一个。卡尔夫女士很高兴，让我多多研究。所以我就时不时地到她那里去。

做着这些，我就在想，荣格的梦、神话的解释之类的，对日本人来说可能还难以理解，那么箱庭没准儿是个好办法。

卡尔夫女士比较喜欢东方，也很喜欢日本，跟铃木大拙关系很好。铃木大拙到欧洲去旅行的时候经常住在卡尔夫家。

说一个当时的故事。铃木大拙作为谢礼送给卡尔夫一幅挂轴，是一副很大的涅槃图的挂轴。画得非常细致，是栋方志功初期的作品。可卡尔夫女士根本不知道作品的价值，只知道是铃木送给她的。我看了，跟她说这是栋方志功啊，好贵的。

具体不是太清楚，卡尔夫女士那时候可能有 50 岁吧，可她居然能完全靠自己的力量创造出箱庭疗法，这可是创造一种新的疗法，逐步地把它发展起来啊。真让人佩服。说起来有些自夸了，后来我们这些日本人也对卡尔夫的箱庭疗法贡献了不少。

我回到日本以后，总觉得比起其他的疗法来，箱庭疗法自己还是可以试一试的，就马上介绍到了国内。这样，积累了好多好多有意思的事例，就把卡尔夫女士请到日本来了。

我把日本人做的箱庭给卡尔夫女士看,她很高兴。就这样,箱庭疗法的思想后来也受到了日本人的影响,日本人对箱庭疗法的发展做出了相当的贡献。

这样的相互作用真是意义非常深远,可当时,箱庭疗法进入荣格研究所的历程却是步履艰难。有段时间周围的抵触还是很厉害的,到底那是荣格直系弟子们抱成团的地方。而且,卡尔夫女士又是一个很独特的人,很有势力,人们对她也有些敬而远之。不过,现在荣格研究所里边也在做箱庭疗法的研究,但还是比不上日本这么热门。这么看下来,箱庭疗法还是在日本得到了爆发式的进步。我能跟卡尔夫女士相识,真是一个了不得的人生体验。

荣格和东方

回顾一下,不论是荣格派还是箱庭疗法,在日本能够扎下根的理由到底是什么?我觉得荣格是一个特别能够理解东方思想的人,这应该是一个很重要的原因吧。箱庭疗法也相当的东方。

刚到荣格研究所的时候,授课的讲师什么的都是些读易经、老子的人,当然他们读的是翻译的书。我真是慌了手脚,因为自己没读过。

第四章里提到的奥根·海瑞格的书,读的人也很多。时间的自由度很大,那时候静下心读了不少书,真是不错。老子的书翻译的版本不少,我就找来各种各样的版本,对照着读。

再有呢,就是跟孩子玩儿的时间很多。到了终于要写论文的时候,记得还跟孩子说过:“以后可不能像这样跟你玩了。”终于,爸爸也忙起来了。

荣格研究所的体验,跟一般所说的大学教育完全不同。到底不是追求单纯的知识获取,而是通过自身的体验来学习,这样的经历不少。也就是说,为了培养一个分析家,需要完全不同的训练。

说起学派究竟该如何存在,这也是个问题。搞不好就会陷进荣格主义。我自己身上不大有这种气味儿,一是因为当时跟的迈耶,再加上自己的性格,倒是不受这种倾向的束缚。

最后

回头再看看自己走的路,在出生于丹波篠山的我身上,平常绝对不能想象的事情一件跟着一件发生了。直到大学毕业,我想都没想过自己会到外国留学。真是意料之外的事情。

倒是有一点,我从小好像思考更具合理性,跟一般的日本人不大一样,或者说更喜欢逻辑性地思考问题。这样,时不时地把自己的意见直通通地说出了,没少挨训。在日本人当中,这样的性格让我吃了不少苦头。这么想来,日本战败还真算是件好事儿。然后,能到我憧憬已久的西欧,在那里亲身体会到文化的差异,对我来说是最重要的事情。

这种体验的方式,也不是所谓艺术之类的体验,而完全是在生活方式、生活目标的层面上的体验。说来,自己也就是这样一种人吧,就这么跟平常没什么不同地生活着,就会去想:这里会感觉怎么样呢?这里又该怎么说呢?而且把这些想法总是拿到分析师那里去一起讨论。所以说,我感觉到的文化的差别,就这样依据着自己的生活,一步一步体验过来的。这应该是最重要的一点吧。

再加上,这些都得拿英文去表达。不能用日语,而是用英语,还得说得对方国家的人能听懂。当然,分析家们的悟性都很强,反应机敏,就算你的语言笨笨的,他们也总是能听明白。即使这样,在想更加准确清晰地传达自己意思的努力过程中,这些,都慢慢地变成了自身的东西。

因为在东西两方扎根生活过,把在美国欧洲学到的东西带回日本以后,心中一直不断思考着:我在日本怎么做比较好?这样,就没有必要去说:"我学了荣格回来,荣格是这么这么说的。"

不成天把荣格如何如何挂在嘴上,反倒有条件去思考日本人往后应该如何生活,在这当中荣格的思想能够起到什么作用。给自己设置了这样的课题,回头来看,真是一件很好的事。

还有一点不得不说的,跟家人一起到瑞士去,也是一个很重要的事情。荣格研究所一开始就坚持,无论多么困难,必须带家里人一起来。这是一个必要条件。这意味着一个家庭要整体来体验文化的差异,一起来生活。这么看来就跟一般的去留学个几年、学点什么知识回来完全不是一个层面的体验。

后　记

都说，人如果沉浸在往事中不可自拔的话，就完了。没想到自己会在这个年龄，写些像自传一样的东西。

但是，作为责任编辑长期交往的大塚信一给了我一个《给未来的记忆》这样帅气的书名，我也就上了他的轿，写成了这本书。

不管怎么说，有了大塚的诱导提问，我就这么被抬着轿子，滔滔不绝地说了这么多。不可思议的是，说的过程中，原来早已沉睡在脑中的记忆，一点一点被挖掘出来，提问、倾听的人，身手真是不凡啊。一边说着，一边慢慢感觉到这些内容还真能跟将来联系到一起，给未来的记忆，真是个好书名。

回想起来，跟大塚开始交往是很久很久以前的事情了。那还是我在天理大学奉职的时候，他找到我问要不要写本岩波新书，真让我大吃一惊。一个留着长发的好青年，连我在这之前发表过的专业论文都仔细读过，非常清晰明朗地对我讲述了他的出版计划，让我只剩下赞叹。那之后，我的很多出版物他都经手过。从第一次交往到今天，岁月已经过去了将近四十年，没想到会以这种形式再次出版一本书。

我事先没做什么准备，只是在大塚的引导下谈话，有些不太合适的内容当然都略去了，也有很重要的事情漏掉了。整体来说，还是相当随意的。在这个意义上，很难说这是一本《自传》，不过对读者来说，没准儿这样反倒好。不管怎么说，相比于客观的事实，我是一个很多情况下都把赌注下在主观上的人。这么走过来了，可以说在我的书中有所体现吧。

这本书的内容，最初在《图书》上连载，很多读者给了我反馈的声音，对我是无上的鼓励。在连载过程中，《图书》的铃木稔先生给了我很多帮助，在此表达我对他的谢意。《图书》上的连载结束后，又增加了在瑞士留学的经历。所有的过程，都是以和大塚的对话形式进行的，这本书用我自述的方式重新组织了一遍。

我走到今天，我的家庭、父母兄弟、妻子儿女对我有着多么重要的意义，真是无法表达。当然，妻子儿女还需要我保护他们的私人空间，书中没有多提及，这一点还请大家能够谅解。

新版书制作过程中，得到了岩波书店编辑部山本汐美的多方关照，再次表示衷心的感谢。

河合隼雄